Heinz Hubrich

KURSWISSEN

Landschaftsökologie

Eine Einführung in die Grundbegriffe, Probleme und Methoden

Ernst Klett Verlag für Wissen und Bildung
Stuttgart · Dresden

Gedruckt auf Recyclingpapier, hergestellt aus 100% Altpapier.

Die Deutsche Bibliothek - CIP-Einheitsaufnahme

Hubrich, Heinz:
Kurswissen Landschaftsökologie;
Eine Einführung in die Grundbegriffe, Probleme und Methoden / Heinz Hubrich. -
1. Aufl. - Stuttgart; Dresden: Klett, Verlag für Wissen und Bildung, 1992
ISBN 3-12-929536-4

1. Aufl 1992

Satz: Steffen Hahn FotoSatzEtc., Kornwestheim
Druck: Wilhelm Röck, Weinsberg
Einbandgestaltung: Hitz und Mahn, Stuttgart
ISBN 3-12-929536-4

Inhalt

Vorwort

Der Glaube an nützliche Fortschritte in Industrie, Technik und Verkehr wird zunehmend infrage gestellt, da die ungebremste Entwicklung dieser Bereiche mit gefährlichen Nebenwirkungen und Folgen für die Menschheit verbunden ist. Im Konflikt zwischen der ökonomisch gesteuerten Entwicklung und dem Interesse an intakter Umwelt hat die Ökologiebewegung seit den siebziger Jahren zunehmend an Beachtung und Einfluß gewonnen.

Die Probleme mit geschädigter Umwelt und die Forderungen der Ökologie eröffnen einen immensen gesellschaftlichen Handlungsbedarf. Ökonomie und Ökologie müssen im Einvernehmen gemeinsam weiterentwickelt, bestehende Widersprüche ausgeglichen werden, denn nur das abgestimmte Vorgehen in lokalem, nationalem, selbst globalem Rahmen kann die Erhaltung der natürlichen Umwelt einigermaßen sicherstellen.

Landschaft ist Teil der natürlichen Umwelt des Menschen, schon seit Jahrtausenden aber auch Objekt menschlicher Tätigkeit, geformt, geprägt, verändert und zerstört durch Landwirtschaft, Bergbau, Siedlungen und Verkehrswege.

Der einzelne Mensch und die Gesellschaft als Ganzes tragen im eigenen Interesse aber auch um der verschiedenen Landschaften willen Verantwortung für deren Erhalt und Verbesserung. Aktivitäten von der Forschung über die Beseitigung gefährlicher Altlasten bis zu praktischer landschaftspflegerischer Tätigkeit sind erforderlich. Voraussetzung dafür ist genaue Kenntnis der Landschaften, ihrer Strukturelemente, ihrer Entstehung und Dynamik.

Vorliegendes Buch gibt eine Einführung in die Grundbegriffe der Landschaftsökologie, in ihre Fragestellungen, Probleme und Methoden. Die Landschaftstypen in Deutschland und die Landschaftszonen der Erde werden unter ökologischen Gesichtspunkten dargestellt. Ausführlich werden Funktion, Nutzung und Belastung landschaftlicher Ökosysteme behandelt. Einen Schwerpunkt bildet die Behandlung regionaler und globaler ökologischer Schädigung durch menschliche Eingriffe und technische Prozesse. Hier werden auch ganz aktuelle Entwicklungen berücksichtigt wie Treibhauseffekt und Ozonloch.

Ergänzungen (im Hinblick auf benutzte und empfohlene Literatur): Die Ausführungen in diesem Buch stützen sich auch auf andere, im Literaturverzeichnis angeführte Vorarbeiten, insbesonders auf die Publikationen von *E. Neef, G. Haase, H. Barsch, H. Richter, H. Leser, K. Herz* (Kapitel 1. bis 4.), *E. Niemann* (Kapitel 5.), *H.-J. Klink* (Kapitel 6.), *J. Schultz, H. Walter, W. Tischler* (Kapitel 7.), *H. Thomasius, W. Tischler* (Kapitel 8.), *W. Odzuck, J. A. Izrael, F. Flohn* (Kapitel 9. und 11.), *J. Blüthgen* (Kapitel 10.), *E. Bierhals, K. Buchwald, K. Mannsfeld* (Kapitel 12.).

1. Gegenstand der Landschaftsökologie

Die Erklärung ist zunächst ganz einfach: Gegenstand der Landschaftsökologie ist die Landschaft. Unter Landschaft versteht man im allgemeinen Sprachgebrauch eine Gegend auf der Erde, die sich vor allem durch visuell wahrnehmbare Merkmale auszeichnet. Meist beschreibt man sie mit ergänzenden Attributen, wie z. B. schöne, reizvolle, abwechslungsreiche oder öde Landschaft, und/oder durch Bildung von Komposita, wie z. B. Gebirgs-, Heide- oder Küstenlandschaft.

Landschafts-verständnis

Das wissenschaftliche Verständnis für die Landschaft ist weniger auf das Erscheinungsbild, sondern mehr auf das Wesen der Landschaft gerichtet. Dies erklärt sich durch seine Entwicklungsgeschichte, also seine Genese, seine Struktur und Dynamik sowie durch verschiedenartige Prozesse und durch Lage- und funktionale Wechselbeziehungen zu anderen, benachbarten Landschaften. In diesem wissenschaftlichen Verständnis ist **Landschaft** ein **stofflich, räumlich** und **zeitlich geordnetes System**, dem sich die Landschaftsökologie widmet.

Der Begriff Landschaft hat sich durchgesetzt und ist auch international gut eingeführt; seine Verwendung ist weit verbreitet - zum Teil wörtlich übersetzt, wie z. B. landscape (engl.) oder landšaft (russ.) oder synonym.

Das Verständnis des Landschaftsbegriffs wird in der Geographie allerdings dadurch erschwert, daß er in zwei Inhalten Verwendung findet. So ist einerseits eine Landschaft eine Individualität, die auf der Erde nur einmal vorhanden ist, z. B. der Schwarzwald, andererseits ist darunter ein Landschaftstyp, z. B. die Mittelgebirgslandschaft, zu verstehen, die häufig angetroffen werden kann. Dieser typologisch-nomothetischen Orientierung widmet sich die Landschaftskunde, die *Schmithüsen* der besseren Unterscheidung wegen auch „Synergetik" nannte; dessen Erkenntnisobjekt ist das „Synergon", d. h. der Landschaftstyp.

Im Unterschied dazu geht die Landschaftsökologie überwiegend von Raumindividuen, d. h. von konkreten Landschaften (Regionen, Choren, Topen oder ohne maßstäblichen Bezug Geomer) aus. Auf diesen Landschaftsbegriff - soweit nicht anders angegeben - beziehen sich die Ausführungen dieses Buches.

Landschaftsbegriff

In diesem Sinne ist die **Landschaft** ein naturbürtiger und weithin durch die menschliche Geellschaft beeinflußter und geprägter Teil der Erdhülle, der Geo- oder Biosphäre, in dem alle natürlichen Komponenten und gesellschaftlichen Maßnahmen nach naturgesetzlichen Mechanismen zusammenwirken.

Verkürzt formuliert läßt sich das folgendermaßen ausdrücken: Natürliche Ausstattung + Landnutzung = Landschaft.

Wesentlich ist die Feststellung, daß sich Landschaft stets als eine Ganzheit und als ein Komplex versteht, was mehr ist als die Summe seiner Komponenten. „Landschaft ist Ausdruck des Totalcharakters einer Erdgegend" (*A. v. Humboldt* 1807).

Ein auch wissenschaftlich nicht so häufig gebrauchter Begriff ist das - bereits genannte - „Geomer", ein „willkürlich begrenzbarer und beliebig großer Ausschnitt der Geosphäre im Sinne der vertikalen Integration der Geofaktoren" (nach Westermann, Lexikon der Geographie (s. Abb. 1).

Erweiterung des Ökologiebegriffs

Der zweite, noch zu erläuternde Begriff ist **Ökologie**. Die Formulierung dieses Begriffs und seine ursprüngliche Bedeutung gehen auf *Haeckel* (1866), den Begründer der Ökologie als Wissenschaft, zurück, der darunter die Beziehungen zwischen Organismen und deren umgebenden Lebensbedingungen verstanden hat. Die wissenschaftliche Beschäftigung mit Ökologie dient der Erforschung von Gesetzmäßigkeiten dieser Beziehungen. Die biozentrische Ausrichtung der Ökologie, die nach wie vor für die Biowissenschaften ihre Gültigkeit und Berechtigung hat, ist im Gefolge anwachsender Umweltprobleme und der gesteigerten Aufmerksamkeit darauf auch zum Gedankengut anderer wissenschaftlicher Disziplinen geworden. So hat sich der Begriffsinhalt von Ökologie inzwischen deutlich über die biologische Betrachtungsweise

Abb. 1
Geosphäre und Geomer (Nach H. Carol, 1963; 1961).

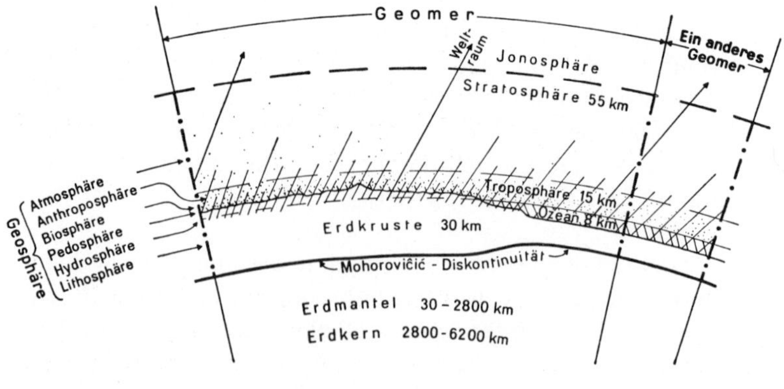

hinaus ausgeweitet. Dazu gehört auch die Einbeziehung des Menschen und der von ihm geschaffenen Objekte, wie Agrar- und Forstflächen sowie Flächen der Infrastruktur, in ihren Beziehungen zur natürlich entstandenen Umwelt. Inzwischen ist die menschliche Gesellschaft zu einem gestaltenden und verändernden Faktor auf der Erde geworden, der geologischen Einwirkungen und Folgewirkungen gleichkommt.

Noch vor dem erweiterten Verständnis des Ökologiebegriffs hat *Carl Troll* (1939) den Begriff **Landschaftsökologie** geprägt und in die Geographie eingeführt, wo er sich in den zurückliegenden vier Jahrzehnten als Forschungsgebiet in Deutschland verbreitet hat, u. a. angeregt durch die Erfahrungen bei der Bearbeitung des „Handbuchs der naturräumlichen Gliederung Deutschlands" (Remagen/Bad Godesberg 1953–1962). Gegenstand dieses Wissenschaftszweiges sind die Wechselbeziehungen zwischen den Komponenten der Landschaft durch stoffliche und energetische Austauschprozesse. Sie bestimmen den Haushalt der Landschaft, dessen Erforschung letztlich das Ziel ist. Zur Förderung der internationalen Verständigung hat *Troll* „Geoökologie" (Geoecology) als Synonym für Landschaftsökologie empfohlen. Mit der umfassender gewordenen Auslegung des Ökologiebegriffs kann der Begriff Geoökologie nun nicht mehr auf ein Synonym für Landschaftsökologie beschränkt bleiben. **Geoökologie** ist als Sammelbegriff für ökologisch orientierte Forschung von Geowissenschaften aufzufassen.

Landschaftsökologie

Geoökologie

Landschaftsökologie hat sich mit der englischen Bezeichnung „Landscape Ecology" nomenklatorisch, vor allem aber als Forschungsinhalt international durchgesetzt. Das kommt u. a. auch in der 1982 gegründeten „International Association for Landscape Ecology" (IALE) zum Ausdruck. Diese Organisation wird im wesentlichen von Geographen und Biologen getragen und vereint weltweit ökologisch interessierte und vor allem forschende Wissenschaftler zum Erfahrungsaustausch in Form von Kongressen, Seminaren, Workshops und Exkursionen. Ihr Ziel ist, zur Lösung ökologischer Probleme beizutragen und notwendige politische Entscheidungen zu Umweltproblemen durch wissenschaftliche Erkenntnisse anzuregen und „auf den Weg zu bringen".

Landschaftsökologie wird weltweit verstanden

IALE

Der Landschaftsökologie geht es also schlechthin nicht nur um das Inventar der Landschaft, sondern vor allem um das Zusammenwirken der in der Landschaft integrierten **Geokomponenten** (Geofaktoren). Das Forschungsinteresse ist letztlich – nach Phasen analytischer, weil notwendiger Arbeiten – synthetisch auf die Vernetzung und wechselseitige Beeinflussung der beteiligten Geokomponenten bzw. -faktoren ausgerichtet.

Wechselbeziehungen der Geokomponenten in der Landschaft

2. Das geographische Landschaftsverständnis

Landschaft ist menschlicher Lebensraum

Die **Landschaft** ist der **Lebensraum** des Menschen. Da sie nicht nur als Raum für seine Existenz benötigt wird, sondern auch seinen materiellen Lebensunterhalt bestreitet, ist in einem menschheitsgeschichtlichen Zeitraum der ursprünglichen Landschaft weiträumig ein deutliches anthropogenes Gepräge eingebracht worden. Deshalb spricht man auch von **Kulturlandschaft** und stellt sie der vom Menschen weitestgehend unberührten **Naturlandschaft** gegenüber. Diese ursprüngliche Landschaft vor dem Eingriff der menschlichen Gesellschaft beschränkt sich nur auf solche Gebiete, die für einen ständigen Aufenthalt des Menschen ungeeignet sind. Das sind vor allem die Polarregionen, extreme Wüstengebiete und die hohen Lagen von Hochgebirgen. Da in den Kernbereichen menschlicher Siedlungs und Wirtschaftsräume (Ökumene) die ursprüngliche Naturlandschaft fast völlig anthropogen überprägt ist, spricht man vom **Naturraum**, wenn man allein die natürlichen Komponenten meint.

Natur- und Kulturlandschaft

Naturraum als Teil der Landschaft

Die Bindung des Menschen an den Naturraum und sein Verhältnis dazu hat sich mit dem Wandel in den Produktionsweisen merklich verändert: Für einen Mitteleuropäer zum Beispiel - sieht man von Beschäftigten in landnutzenden Wirtschaftszweigen ab - ist der direkte Bezug zum Naturraum nur auf Urlaubszeit und Wochenende beschränkt. Anders ist es dort, wo der Lebensunterhalt unmittelbar aus der Landschaft bzw. aus dem Naturraum gewonnen wird, so z. B. zur Deckung des Energiebedarfs durch Sammeln von Brennholz, nomadische Viehhaltung und Primitivformen des Ackerbaus.

Landschaft – Existenzgrundlage der menschlichen Gesellschaft

Bei dieser Art der Bedarfsbefriedigung, wie sie in den meisten Entwicklungsländern üblich ist, ist aber auch kein „intimes" Verhältnis zum Naturraum zu erwarten, solange Nutzung über Erhaltung und Schutz gestellt wird. Erst die erschreckend zugenommenen Umweltschäden in den Industrieländern haben - wenigstens im Empfinden - die Menschen aufgeschreckt und zu einer wieder enger werdenden Bindung zu den materiellen Lebensgrundlagen hingeführt.

Zur Landschaft gehört auch der bebaute Grund. Dazu zählen Flächen wie Siedlungen, Verkehrstraßen, Industrieanlagen usw., wegen ihrer Rolle als Einflußfaktor auf die (quasi) natürliche Umgebung, aber auch im Hinblick auf die veränderten und daher andersartigen ökologischen Verhältnisse solcher Flächen.

Die Landschaft gehört zu den zentralen Begriffen in der Geographie. Sie erklärt sich aus dem Wandel des Klimas von den niederen zu den höheren Breiten, aus wechselnden Höhenlagen, aus der nahen oder fernen Lage zu den Weltmeeren und aus zahlreichen regional wirksamen Geofaktoren, aber auch aus der Eigenart und Dichte dessen, was der Mensch in die Landschaft eingebracht und herausgeholt hat.

Landschaft ist ein zentraler Begriff in der Geographie

Die Landschaft als dreidimensionales Gebilde unterliegt einem räumlichen **Ordnungssystem**, das hierarchisch geordnet ist. Bereits im Erscheinungsbild (Physiognomie) der Landschaft lassen sich - wenn auch nicht immer - räumliche Strukturen erkennen und mit erkennbaren charakteristischen Merkmalen beschreiben. Solche Beschreibungen findet man in Wanderbüchern, Werbeprospekten von Reisebüros, Urlaubszentren usw. Das betrifft die Landschaftsgestalt oder **Landschaftsphysiognomie**, ihrerseits Gegenstand für Forschung und Bewertung von Landschaften für Erholungszwecke, z. B. im Rahmen des Fremdenverkehrs (s. Kap. 3.2).

Landschaft ist dreidimensional

Neben der räumlichen hat die Landschaft auch eine zeitliche Struktur. Darunter ist einerseits die Entwicklung der Landschaft, die **Landschaftsgenese**, und der kurzzeitige Wechsel von Zuständen der Landschaft, die **Landschaftsdynamik**, zu verstehen. Die Genese ist der Entwicklungsprozeß der Landschaft von einem definierten Ausgangspunkt bis zu einem Endpunkt. So ist es z. B. möglich, die Entwicklung der Lüneburger Heide vom Ende der Weichsel-Kaltzeit oder vom Beginn der intensiven Beweidung bis in die Gegenwart zu verfolgen. In beiden Fällen ist durch den gewählten Zeitraum der Betrachtung die Genese durch subjektive Grenzen fixiert.

Landschaft ist Raum und Zeit

Unter Dynamik der Landschaft sind Vorgänge in kürzeren Zeiträumen, wie z. B. im Wechsel der Jahres- und Tageszeiten, während der Vegetationsperiode oder bei wechselnden Wasserständen, zu verstehen. Die Beobachtung der Dynamik gehört im besonderen zu den Aufgaben der Landschaftsökologie (s. Kap. 3.4).

Landschaftsökologische Prozesse sind Besonderheiten der Landschaftsdynamik, die innerhalb konkreter Landschaften zwischen den Komponenten und zwischen benachbarten Landschaften stattfinden. Es handelt sich um physikalische, chemische und biotische Prozesse des Stoff- und Energieaustausches, durch den der **Landschaftshaushalt** gesteuert wird. Die Landschaftsökologie schließt bei der Erforschung der Wechselbeziehungen in der Landschaft im besonderen die von den Menschen ausgehenden Aktivitäten und Einflüsse mit ein. Damit vermag sie wichtige und grundlegende Beiträge zur Umweltforschung zu leisten (s. Kap. 3.5).

Prozesse in der Landschaft bestimmen den Landschaftshaushalt

3. Existenz- und Bewegungsformen der Landschaft

Landschaft –räumlich fixiert und zeitlich variabel

Das Wesen der Landschaft ist durch folgende Grundmerkmale geprägt:
- durch die in Wechselbeziehungen miteinander verknüpften Komponenten, Geokomponenten bzw. Geofaktoren = Vertikalstruktur der Landschaft,
- durch ihre räumliche Verbreitung = Horizontalstruktur der Landschaft,
- durch den zeitlichen Wandel ihres Zustands (Zeitstruktur) = Genese und Dynamik der Landschaft,
- durch Stoff- und Energieflüsse = landschaftsökologische Prozesse.

3.1 Vertikalstruktur

Im Hinblick auf die stoffliche Zusammensetzung der Landschaft aus ihren im (landschaftlichen) **Geokomplex** verbundenen und wirkenden **Geokomponenten** ist eine in den Grundzügen vertikal geordnete Strukturierung erkennbar (s. Abb. 1):

Lufthülle/Klima
Pflanzendecke und darin lebende Tierwelt
Relief und Oberflächengewässer
Boden mit Bodenlebewelt (Edaphon)
oberflächennahes Gestein
oberflächennahes Grundwasser.

Zu diesem Komplex wirksamer Geokomponenten hat sich mit zunehmender Intensität das Individuum Mensch und die menschliche Gesellschaft mit ihren verschiedenen Aktivitäten als häufig bestimmende Komponente eingefügt und „hineingedrängt".

Vertikale Schichtstruktur

Diese schichtartig aufgebaute Vertikalstruktur ist zwischen den einzelnen Geokomponenten naturgemäß nicht scharf begrenzt, sondern mehrfach greift die eine in die andere Geokomponente über, so z. B. die Luft in Pflanzendecke und Boden (Bestandsklima und Bodenluft) oder die Pflanzen mit ihren Wurzeln in den Boden.

Manche Geokomponenten sind auf Grund ihrer vielfältigen Eigenschaften so komplex strukturiert, daß sie als **Partialkomplexe** bezeichnet werden. Sie repräsentieren wesentliche Eigenschaften des gesamten landschaftlichen Komplexes, indem sie durch ihre eigene Komplexität an vielen Wechselbeziehungen im gesamten Komplex entscheidend beteiligt sind. Im besonderen Maße trifft das für die Bodendecke zu. Das wird besonders durch eine modellhafte Abbildung eines sehr kleinen und daher homogenen Ausschnitts aus der Landschaft deutlich (s. Abb. 2).

Stoffliche Bestandteile der Landschaft

Geokomponenten beeinflussen sich gegenseitig, sind beteiligt an der Entstehung und Entwicklung jeweils anderer Komponenten und daher auch Faktoren im Wirkungsgeflecht des Geokomplexes bzw. der Landschaft. Das erklärt die Bezeichnung **Geokomponente** im Sinne von Bestandteil einer Gesamtheit und **Geofaktor** im Sinne einer Einfluß- und Steuergröße auf andere Komponenten und auf das landschaftliche Ganze. Es geht um wechselnde Betrachtungsweisen, wofür als einfaches Beispiel das Verhältnis von Klima und Relief (Oberflächenform, Höhenlage, Exposition) angeführt werden soll: Beide sind Geokomponenten, beide wechselseitig Geofaktoren, indem das Klima durch das Relief sehr entscheidend modifiziert werden kann, andererseits ist das Klima im Zusammenhang mit dem Gestein wesentlicher Faktor bei der Formung des Reliefs.

Geokomponente: Geofaktor

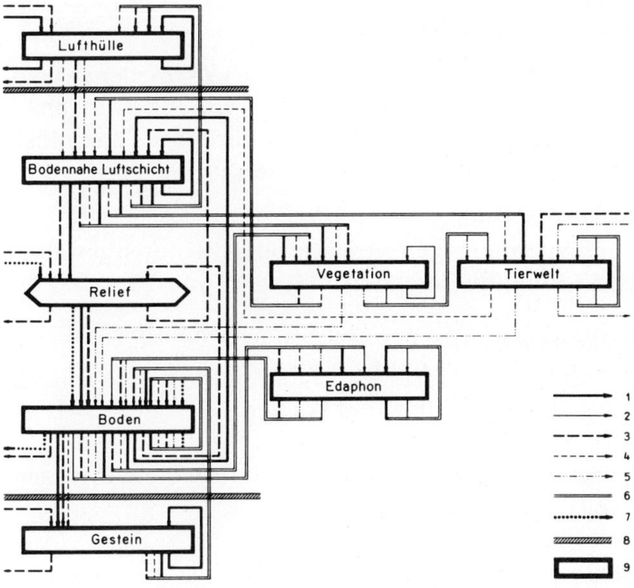

Abb. 2
Das allgemeine Strukturmodell des homogenen Naturraums.

1 Umsatz von Strahlungsenergie und Wärme durch physikalische Prozesse
2 Umsatz von Wärmeenergie durch biochemische Prozesse
3 Umsatz von Wasser
4 Umsatz von gasförmiger und gelöster anorganischer Substanz
5 Umsatz von organischer Substanz
6 Prozesse gleicher Richtung
7 Umsatz von klastischer anorganischer Substanz
8 Grenze des topischen Systemelements im Strukturmodell des homogenen Naturraumes
9 Systemelement

Geokomponentenmerkmale

Die Geokomponenten bzw. Partialkomplexe setzen sich aus verschiedenen, ebenfalls im Wirkungszusammenhang verbundenen Elementen zusammen. Als Beispiel seien die Klimaelemente Niederschlag und Temperatur sowie die Körnung und das Porenvolumen im Boden angeführt. Auch in diesen Fällen sind weitere Differenzierungen landschaftsökologisch sinnvoll, so z. B. Maximum- und Minimum-Temperaturen, Temperatursummen in der Vegetationsperiode.

Im Zusammenhang mit landschaftsplanerischen Zielen werden folgende Daten von Geokomponenten empfohlen (*Finke* 1986):

Untergrundgestein und stratigraphische Zuordnung

- **Relief**
  Hangneigung, Hangrichtung, Oberflächenform
- **Boden**
  Bodenart, Bodentyp, Gründigkeit, natürliches Nährstoffangebot, Wasserkapazität, Wasserdurchlässigkeit, Luftkapazität, Bodenwertzahl
- **Wasserhaushalt**
  Grundwasser, Grundwasserflurabstand, ökologischer Feuchtegrad
- **Geländeklima**
  Durchlüftung, Wärmeverhältnisse, Strahlung, Besonnung, Luftfeuchtigkeit und Nebel
- **Vegetation**
  potentiell natürliche Vegetation.

Reaktionsverhalten von Geokomponenten

In recht unterschiedlicher Weise reagieren die verschiedenen Geokomponenten auf gravierende Einwirkungen von außen unabhängig davon, ob es sich um natürliche oder anthropogen ausgelöste Ursachen handelt (s. Abb. 3). Danach unterscheiden sich

- **stabile Geokomponenten,**
  die sich nur über sehr lange Zeiträume oder nur durch gewaltige mechanische Eingriffe verändern: Gestein und zum Teil der Boden,
- **variable Geokomponenten,**
  mit periodischen (z. B. jahreszeitlichen) und teilweise episodischen Schwankungen: Klima und Wasser,
- **labile Geokomponenten,**
  die sehr empfindlich und daher sehr rasch reagieren: Pflanzen- und Tierwelt.

Die Landschaft ist in ihrer inhaltlichen Konstellation (Geokomplex, Geosphäre) ein System, das im Austausch mit seiner Umgebung, d. h. mit anderen Landschaften und Naturkomponenten,

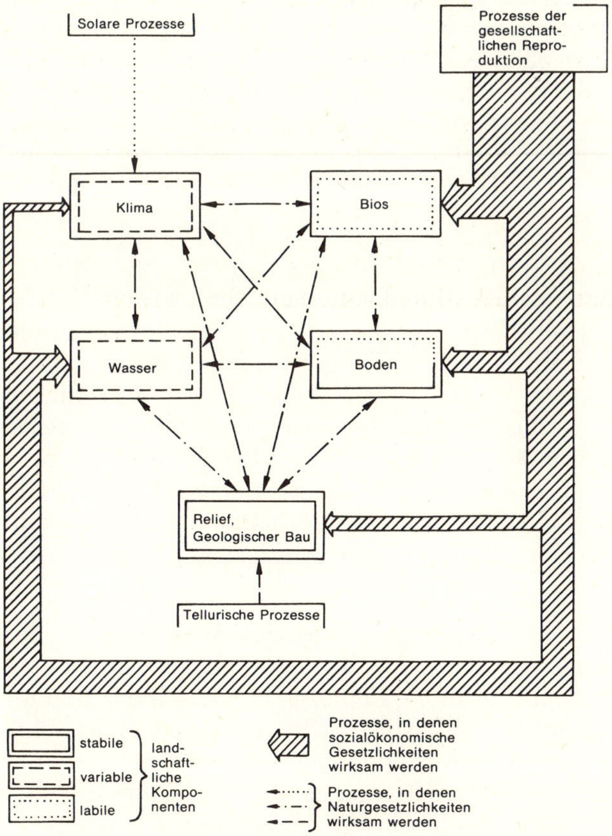

Abb. 3
Schematische Darstellung der Einwirkungen natürlicher und gesellschaftlicher Prozesse auf die Komponenten der Landschaft

Systemkonzept der Landschaft …

steht. Die Landschaft ist demzufolge ein offenes System mit Input-Output-Beziehungen im Wechselspiel mit seiner Umgebung, mit anderen landschaftlichen, andersartigen natürlichen und anthropogen-technogenen Systemen. Im Hinblick auf ihre Erforschung ist die Landschaft mittels Systemanalyse erfaßbar und beschreibbar. Unter einer systemanalytischen Betrachtung wird aus dem Geokomplex das **„Geosystem"** (*Sočava* 1972) oder das **„Landschaftliche Ökosystem"** (*Leser* 1976) oder das **„Geoökosystem"** (*Leser* 1984). Streitigkeiten um den Systembegriff, von Gluch (1977) diskutiert und kritisiert, scheinen beigelegt zu sein, wozu auch das Bekenntnis der „Bio-Ökologen" zur Landschaftsökologie im Verein mit Geographen, Pedologen u. a. beigetragen hat.

… ist flexibel anwendbar

Das landschaftliche Systemkonzept hat den Vorteil, daß es sich in der praktizierten Forschung flexibel anwenden läßt, zunächst unabhängig von der Größenordnung der Landschaft und der stattfindenden Forschung, d. h. es ist anwendbar an einem einzelnen Standort bis hin zu einer globalen Betrachtung.

Die im landschaftsökologischen System existierenden Relationen zwischen den Systemelementen und nach außen sind objektiv existierend, also unabhängig vom Betrachter. Daraus ergibt sich, daß in der Landschaft Aktionen und Reaktionen systemgemäß ablaufen, d.h. die ein Systemelement betreffenden Veränderungen betreffen - auch mit zeitlicher Verzögerung - schließlich das gesamte System (s.o.). Die **Partialkomplexe** sind in diesem Zusammenhang Subsysteme (s. Abb. 3).

Partialkomplexe sind Subsysteme

Selbstregulation, -organisation und -reproduktion

Die anthropogen unbeeinflußte Naturlandschaft war ein System mit Selbstregulation, Selbstorganisation und Selbstreproduktion. Periodische und episodische Störungen - abgesehen von natürlichen Katastrophen - werden bzw. wurden unter natürlichen Bedingungen systemintern reguliert. Dabei wirksame Ausgleichsprozesse vollziehen sich in einem zwischen den Systemelementen (Geokomponenten) funktionierenden **Regelkreis**. Damit wird ein dynamisches oder **Fließgleichgewicht** erhalten, das als Schwankung um einen gewissen Gleichgewichtszustand zu erklären ist.

Mit dem Eintritt des Menschen in das Geoökosystem wird das bestehende Gleichgewicht zunächst gestört. Ein anderes Fließgleichgewicht stellt sich unter Einbeziehung des Menschen als aktives Systemelement ein. Mit dessen zunehmender Aktivität muß er selbst erhebliche Aufwendungen erbringen, um ein neues Fließgleichgewicht im ökologischen Landschaftssystem zu erhalten. Das ist bekanntermaßen bis in die Gegenwart hinein sehr unzureichend geschehen, was schließlich die weltweit existierenden Umweltprobleme erklärt.

stochastischer Charakter von Geoökosystemen

Landschaftliche Ökosysteme, gleich welcher Ordnung, sind weitgehend Systeme mit stochastischem Charakter, da die große Anzahl existierender Beziehungen innerhalb eines Systems sowie von einem zum anderen System so vielfältig sind, daß sie sich nur im statistischen Mittel einer großen Datenmenge zu erkennen geben. Die ohnehin schwer überschaubaren Beziehungen und Verflechtungen in den Geoökosystemen zwingen zu Vereinfachungen, um die Vielfalt der Zusammenhänge zu erfassen und schließlich zu beherrschen, ohne daß Wesentliches unberücksichtigt bleibt. Hier hilft das Systemkonzept in der Weise, daß der eine oder andere Partialkomplex auch Indikator oder partieller Stellvertreter für einen anderen sein kann. So z.B. ist die reale Vegetation ein Indikator für aktuelle Bodenprozesse, oder das Bodenprofil weist auf fördernde oder hemmende Wirkungen auf Stoff- und Energieflüsse zwischen Atmosphäre und Lithosphäre hin.

3.2 Horizontalstruktur

Raumstruktur der Landschaft

Die Arbeitsweise der Landschaftsökologie ist von ihrem Grundanliegen her raumorientiert, weil sie auf „das Erkennen von landschaftlichen Ökosystemen in ihrer räumlichen Verbreitung und Funktion" (*Leser* 1976, S. 171/172) abzielt. Landschaften sind Raumgebilde mit jeweils charakteristischer Vertikalstruktur. Konkrete Landschaften sind nach Merkmalen ihrer inneren Struktur gegenseitig abgrenzbar. Diese Grenzen sind nicht immer visuell auszumachen, sondern erschließen sich meist erst nach einer landschaftlichen Analyse und Synthese (s. Kap. 4). Grenzen zwischen benachbarten Landschaften sind in der Regel nicht linienhaft scharf, sondern Grenzsäume, in denen sich der mehr oder weniger allmähliche Übergang von einer landschaftsökologischen Merkmalskorrelation in eine andere vollzieht.

Dimensionen landschaftlicher Raumordnung

Landschaften sind nach einem hierarchischen Prinzip räumlich geordnet, das sich aus unterschiedlichen **Dimensionen** oder **Maßstabsbereichen** zusammensetzt: Die jeweils kleinere, einfacher strukturierte Landschaft ist in die nächst höhere, umfangreicher strukturierte Landschaft integriert. Diese Ordnungshierarchie beginnt in der untersten Dimension mit der kleinsten, geographisch homogenen Landschaftszelle, dem Geotop oder Ökotop, und setzt sich über weitere Dimensionen und Dimensionsstufen bis zur Erde als Ganzes fort.

Beispiel für Landschaften verschiedener Dimensionen

Dimension	Dimensionsstufe	Landschaft
planetarische D.		Erde
geosphärische D.		außertropische Mischwaldzone
regionische D.	Makroregion	europäischer Teil der Mischwaldzone
	Mesoregion	mitteleuropäische Mischwaldzone
	Mikroregion	mitteleuropäisches Tiefland
chorische D.	Makrochore	Mecklenburg-Vorpommersches Küstengebiet
	Mesochore	Hügel- und Boddenland von Nord-Rügen
	Mikrochore	Wittow (Rügen)
	Nanochore	Höhenzug von Arkona
topische D.	Geotop	Kap Arkona

(verändert nach *Barsch* 1971)

Abb. 4
Ordnungsschema der Dimensionen geographischer Arbeitsweisen.

Dimension	–	Topologische Dimension	
Areal-Einheit bzw. Dimensionsstufe	–	Physiotop	Ökotop
Bezeichnung nach *Schmithüsen*	–	(Physiotop)	Fliese
Gegenstand der Forschung	Einzelfaktor Einzelbeziehung	Partial-Komplex	Geographischer Komplex
vorherrschende Forschungsmethode	Isolierende Elementaranalyse	Komplexanalyse	
Materielle Merkmale	Einzelmerkmale	homogene stoffliche Systeme partiell	 voll
vorherrschende Determinierung	Kausalbeziehung	ökologisch im geographischen Komplex	
Bilanzierungsmöglichkeit	o	ökologische Teilbilanzen	ökologische Gesamtbilanzen
Tendenz im Dimensionsbereich	–	↓ Typenbildung und Typenverfeinerung	
Bereich idiographischer Arbeit			

Geotope – kleinste landschaftliche Raumeinheit

In den **Geotopen** besteht eine sehr enge räumliche und funktionale Korrelation zwischen den Komponenten; sie werden deshalb nach diesen Komponenten beschrieben. Dazu ein vereinfachtes Beispiel: Plattige Lage, 0–1° Neigung, Kiefernbestockung auf Sand-Podsol, grundwasserfern oder (in der Nachbarschaft) Muldenlage, 1°-Neigung, Erlenbestockung auf Sand-Naßgley bis -Anmoorgley, Grundwasser 2 dm unter Flur.

Nano(geo)chore

Landschaften der höheren Dimension lassen sich nur unter Einbeziehung und Berücksichtigung des Gefüges oder Mosaiks der integrierten subordinierten Raumeinheiten charakterisieren und abgrenzen. So erklärt sich der Charakter einer Nanochore aus ihrem Gefüge aus Geotopen, und Mesochoren setzen sich aus Mikrochoren zusammen. In den übergeordneten höheren Dimensionsstufen ergeben sich die charakteristischen Kriterien aus dominanten Merkmalen wesentlicher Geokomponenten (s. Abb. 4). So wird die Mikroregion „Mitteleuropäisches Tiefland“

Chorologische Dimension				Geosphärische Dimension	
Mikrochore	Mesochore	Makrochore	Megachore	Georegion (geosphärische Region)	Geosphäre
naturräumliche Grundeinheit	naturräumliche Haupteinheit	naturräumliche Großeinheit	naturräumliche Region	geographische Zone u. a.	
(chorologischer) Kleinverband	Hauptverband	Großverband	Region oder Regional-verband	Zone, Subzone, Kontinent und Subkontinent	Hologäa
chorologische Synthese				regionalgeographische (zonale u. azonale) Gliederung	
heterogene stoffliche Systeme spezifisch	vielgestaltig	generalisiert	stark generalisiert	allgemeine Geofaktoren	
ökologisch und genetisch	genetisch im chorologischen Gefüge		allgemein durch beherrschende Dominante	geophysikalisch	
Bilanz der Größen-ordnung nach	statistische Gebietsbilanzen	(Bilanz nur noch überschlägig)	o	Aufstellung von Bilanztypen	gesamtirdische Bilanzen
fortschreitende Generalisierung				zonale (azonale) Typensonderung	

durch „Flach- und Hügelrelief, Braunerden und Pseudogleye auf sandigem bzw. lehmigem Substrat, großflächig Ackerland im Wechsel mit ausgedehnten Forsten, seenreich“ in ihren Wesensmerkmalen erfaßt.

Eine landschaftsräumliche Gliederung nach verschiedenen Dimensionsstufen macht die räumliche Zuordnung der rangtieferen in die ranghöhere Raumeinheit deutlich (s. Abb. 5).

Auch Partialkomplexe sind in dieser Weise geordnet, so z. B. Pedotope - Pedochoren, Morphotope - Morphochoren (s. Abb. 6). Das Schema dieser Abbildung veranschaulicht die unterschiedliche räumliche Ausdehnung der einzelnen Geokomponenten und die verschiedene Lage ihrer Grenzen. Die Begrenzung des (komplexen) Geotops ergibt sich aus der kompletten Merkmalskorrelation der Partialkomplexe im Sinne des „gemeinsamen Nenners“ (s. Kap. 3.3 und 4.).

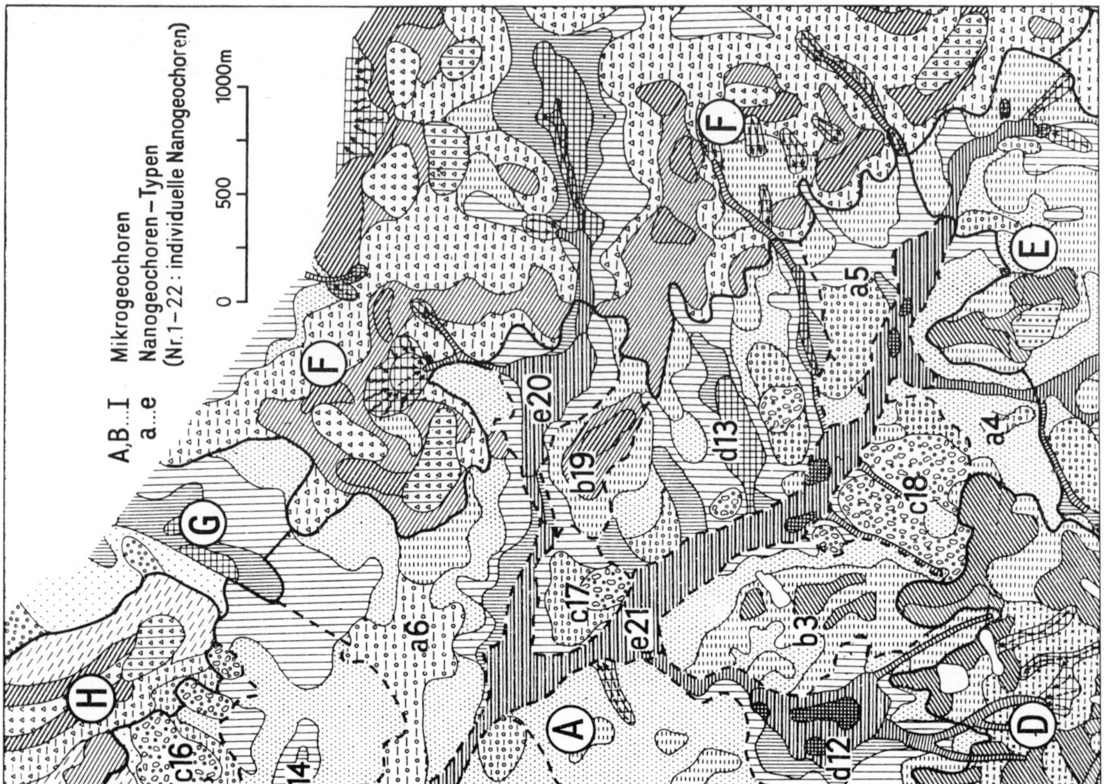

A,B...I Mikrogeochoren
a...e Nanogeochoren-Typen
(Nr.1-22 : individuelle Nanogeochoren)
0 500 1000m

Granitbestimmte Geotope

- Gr_1 Mäßig trockene granitgrusbedeckte Flachkuppen und divergent-konvexe Hanglagen
- Gr_2 Mäßig frische Braunerden aus Granitgrus in Hanglagen und auf Flachkuppen

Grauwackebestimmte Geotope

- Gw_1 Mäßig trockene grauwackeschuttbedeckte Kuppen, Rücken und konvexe Oberhänge
- Gw_2 Mäßig frische grauwackeschuttreiche Braunerden an Mittel- und Unterhängen

Lößlehmbeeinflußte Granit- und Grauwacke geotope

- LG_1 Lößlehmbedeckte Flachhänge und Flachrücken aus Granit und Grauwacke
- LG_2 Lößlehm-Granit-Periglazialdecken an Mittel- und Oberhängen
- LG_3 Lößlehm-Grauwacke-Periglazialschuttdecken in Hanglagen der Grauwackerücken
- LG_4 Lößlehmbedeckte Flachrücken und Unterhänge in Schmelzwasserkies und -sand

Lößlehmbestimmte Geotope

- L_1 Frische Parabraunerden aus mächtigen Lößlehmdecken auf Flachrücken und an Unterhängen
- L_2 Frische Braunerden und Parabraunerden aus Lößlehm-Treibsand-Fließerden an flachen Hängen und auf Flachrücken

Sand-Kies-bestimmte Geotope

- SK_1 Treibsandbedeckte grundgesteinsbestimmte Flachrücken und Hanglagen
- SK_2 Mäßig trockene Podsol-Braunerden aus mächtigen Treibsanddecken auf Flachrücken, Platten und in Hanglagen
- SK_3 Trockene Kieskuppen und -rücken an Unterhängen mit randlichen Lößlehmauflagen aus leicht durchlässigem Grobschotter (SK 3K) oder bei sandig-lehmiger Grundmoräne im Untergrund (SK 3M)

Klimabestimmte Geotope

- Kl_1 Südexponierte Oberhänge aus Granit oder Grauwacke mit beständigem starkem Windeinfluß
- Kl_2 Kammlagen der Bergrücken und Bergkuppen mit Granit- oder Grauwackeböden

Hangwasserbeeinflußte Geotope

- H_1 Eutrophe Hanggleye aus lößlehmbeeinflußten Schuttdecken an stark geneigten (Schatten-) Mittelhängen
- H_2 Staunässebeeinflußte Hanggleye aus Lößlehm-Schuttdecken an schwach geneigten Unterhängen
- H_3 Hanggley-Braunerden und Hanggleye auf treibsandbedeckten Hanglagen
- H_4 Frische und nasse Hanggleye der Quellnischen

Stauwasserbeeinflußte Geotope

- P_1 Mäßig entwickelter Pseudogley an Unterhängen
- P_2 Mäßig entwickelter Pseudogley auf flachen Rücken und in flachen Mulden
- P_3 Stark entwickelter Pseudogley auf flachen Rücken und an Unterhängen

Grundwasserbeeinflußte Geotope

- W_1 Stark geneigte Bachkerben mit Erlen-Eschen-Bachwald
- W_2 Schmale Talsohlen und Sohlentälchen mit stark schwankendem Grundwasser
- W_3 Lehmige pseudovergleyte Talsohlen und Talmulden ohne beherrschenden Grundwassereinfluß
- W_4 Sandig-lehmige grundwasserbeeinflußte Talauen und Talmulden
- W_7 Anmoore mit Erlenbruchwald und Birken-Quellmoorwald

Abb. 5
Grundlagen der chorischen Naturraumerkundung (Horizontale Struktur und Gliederung).

Abb. 6
Schema der Prinzipien von landschaftsökologischer und naturräumlicher Erkundung im großen Maßstab.

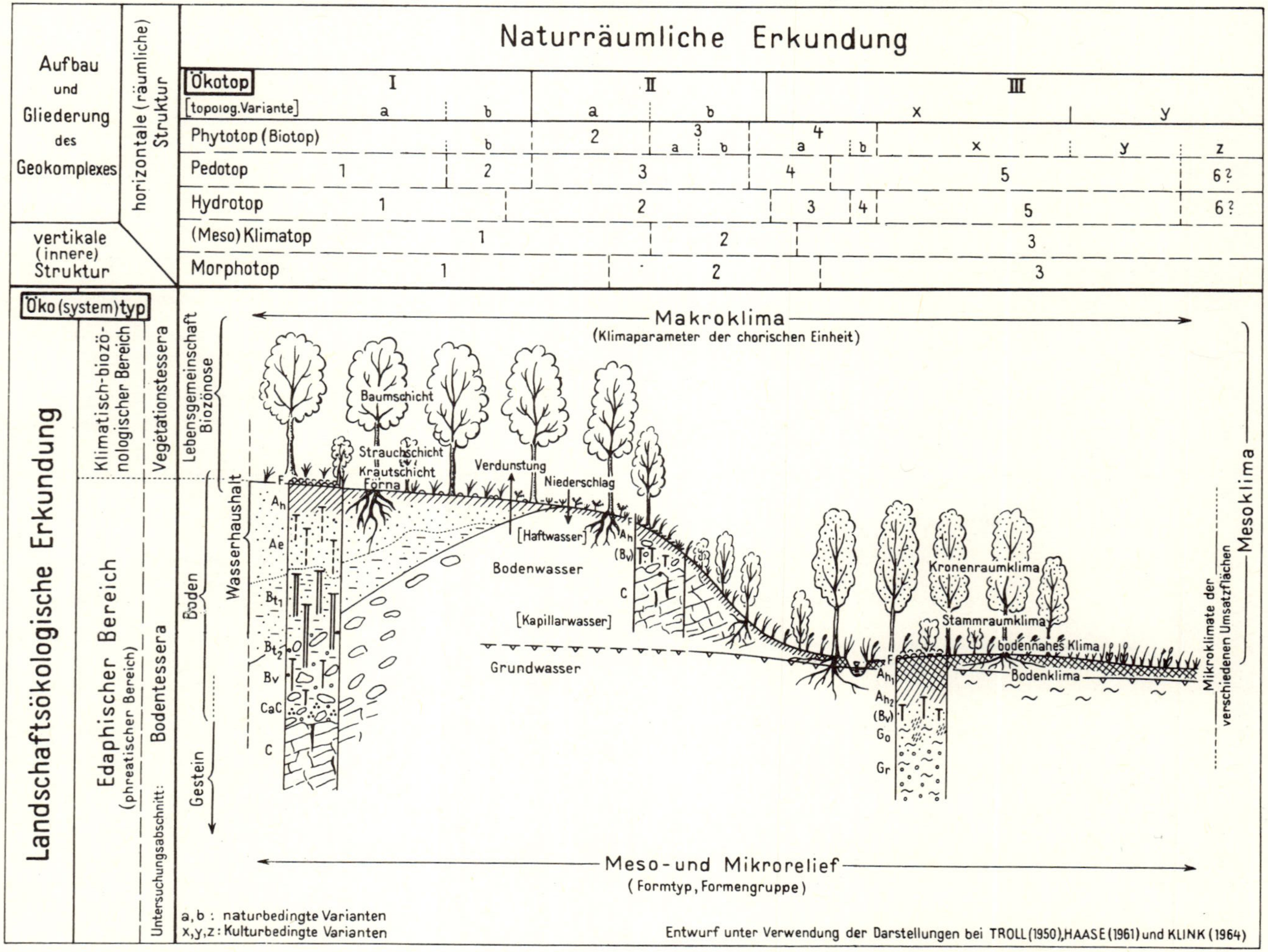

3.3 Landschaftstypen

Die Mannigfaltigkeit landschaftlicher Strukturen verlangt im Hinblick auf die Erkenntnis und die Steuerung von Vorgängen in der Landschaft Verfahren, um das Wesentliche in der Landschaft zu erfassen. Aus der Menge landschaftlicher Individualitäten (singuläre Landschaften) sind durch Typisierung Regelhaftigkeiten und Gesetzmäßigkeit der strukturellen Ordnung der Landschaft zu erschließen. Der so ermittelte Typ reflektiert das Wesen gleicher und sehr ähnlicher Landschaftsindividuen, er ist von hohem Erkenntniswert.

Beherrschung der Mannigfaltigkeit

Aus der Fülle der individuellen Merkmale müssen für die Typenbildung solche selektiert werden, die als Kriterien wesentliche Seiten des Landschaftstyps repräsentieren, wobei der an die landschaftlichen Dimensionen gebundene Merkmalwechsel zu berücksichtigen ist.

3.4 Genese und Dynamik der Landschaft

Unter der zeitlichen Struktur der Landschaft versteht man ihre Entstehung, Entwicklung und Dynamik in den jeweiligen Entwicklungsstadien.

Die **Genese der Landschaft** ist die Gesamtheit aller Vorgänge, die zur Entstehung von Landschaften und zu ihren Veränderungen im Laufe der Entwicklung (Evolution) geführt haben. Die Evolution von Landschaften und die Ausbildung einer Landschaftssphäre ist ein kontinuierlicher Prozeß der Strukturbildung und -neubildung, der verallgemeinert nach Herz (1984) wie folgt skizziert werden kann:

Von der Ur- zur Kulturlandschaft

Evolution der Landschaft

- Aus der „Ursubstanz“ der Landschaft, aus Litho- und Atmosphäre, entsteht durch Integration der beiden der Wasserkreislauf und dadurch Gesteinsverwitterung und -umlagerung. Physikalische und chemische Prozesse erzeugen Oberflächenformen, Wasser und Klima.
- Die sich ausbildende Biosphäre führt zu neuartigen Entwicklungen in den abiotischen Sphären; es bilden sich Pflanzen- und Bodendecke sowie biotische Lebensgemeinschaften. Damit vollzieht sich eine bedeutende Strukturdifferenzierung und Veränderung im Stoff- und Energieaustausch in der (Natur-) Landschaft.
- Mit dem Einsetzen menschlicher Aktivitäten in der Landschaft werden zur Bedürfnisbefriedigung Stoffe und Energien aus der Landschaft entnommen und nach deren Verarbeitung werden

veränderte Substanzen und Energien als „Fremdlinge“ in die Landschaft eingebracht. Stoff- und Energieumsatz haben sich nach und nach in der „Kulturlandschaft“ grundlegend verändert.

Die Landschaftsgenese vollzog und vollzieht sich in der Größenordnung geologischer Zeiträume. Inzwischen hat der Einfluß der menschlichen Gesellschaft eine solche Intensität und ein solches Ausmaß angenommen, daß es geologischen Prozessen - in sehr viel kürzeren Zeiträumen - gleichkommt.

Landschafts-sukzession

Die Landschaftsentwicklung kennt progressive und regressive **Sukzessionen**, womit differenziert wird zwischen Entwicklungsfortschritten und -rückschritten. Letzteres betrifft den Rückgang des landschaftlichen Regulations- und Regenerationsvermögens. Es geht hier um die **Landschafts-Sukzession**, was *Troll* (1963), entlehnt aus der Botanik (vom Initial- bis zum Klimax-Stadium in der Entwicklung der Pflanzendecke), eingeführt hat. Er begründet das zu Recht, daß mit der Vegetation auch eine Sukzession von Bodenbildung, bodennahem Klima, Wasserhaushalt und damit des gesamten landschaftlichen Ökosystems erfolgt.

Periodische und episodische Änderungen in der Landschaft

Mit Dynamik der Landschaft wird die Gesamtheit zeitlicher Abfolgen wechselnder Landschaftszustände und der damit zusammenhängenden variierenden Intensitäten im Stoff- und Energiehaushalt bezeichnet. Periodische Abfolgen sind der Wechsel von Jahres- und Tageszeiten (Rhythmen), episodische und häufig auftretende betreffen den Wetter- und Witterungswechsel. Zu den unregelmäßig und seltener auftretenden Erscheinungen, die spontane Änderungen von Landschaftszuständen hervorrufen, gehören z.B. Erdbeben, Vulkanausbrüche, Springfluten, Überschwemmungen, Dürre- und Feuchtjahre.

3.5 Landschaftsökologische Prozesse

Vertikale und horizontale Austauschprozesse

Die Erforschung des Landschaftshaushalts als erklärtes Ziel der Landschaftsökologie wird erst durch die Verfolgung von Energie- und Stoffbewegungen in ihrer raum-zeitlichen Relation erreicht (s. Kap. 1). Diese Prozesse sind vielfältig, da es sich um Austauschvorgänge innerhalb von und zwischen landschaftsökologischen Systemen handelt. Sie sind sowohl vertikal als auch lateral gerichtet und abhängig von den Medien (Geokomponenten), in denen sie stattfinden und die sie passieren. Ein großer Teil der Prozesse vollzieht sich ohne Veränderung der beteiligten Medien (Prozeßbedingungen), wie z. B. bei der Transformation des Niederschlagswassers in der Pflanzen- und Bodendecke in perkolierendes

Bodenwasser (s. Kap. 3.1 und 3.2). Andere Prozesse, wie die Bodenerosion, sind mit Strukturveränderung in den beteiligten Geokomponenten verbunden: Abtragung von Oberbodenmaterial, Kappung des Bodenprofils, kolluviale Akkumulation am Hangfuß, Erhöhung des Schwebstoffanteils im Vorfluter und - bei Hochwasser mit Überschwemmungen - Ablagerung von Auelehm auf dem Boden eines Tales. Das ist zugleich ein einfaches, daher besonders verständliches Beispiel für die Kommunikation im offenen landschaftlichen Ökosystem.

Von Interesse sind in der Gegenwart solche natur- und anthropogen bedingten landschaftsökologischen Prozesse, die in Intensität und Ausmaß umweltrelevant sind und Handlungsbedarf von umweltorientierter Forschung und Praxisanwendung herausfordern.

Anthropogen-technogene landschaftsökologische Prozesse

Immer wiederkehrende bzw. kontinuierliche Ursachen gesellschaftlicher Aktivitäten, die landschaftsökologische Prozesse beeinflussen und verändern sind u. a. folgende:

- Versiegelung der Landoberfläche durch Bebauung verändert Wasser-, Wärme- und Strahlungshaushalt
- Deponien von Industrie- und Siedlungsabfällen sowie von Abraum aus Tagebauen verändern Stoffbewegungen nach Art und Menge sowie die Bewegungsformen des Wassers unter der Landoberfläche
- Immission von Industrie, Landwirtschaft und Siedlungen verändern Stoffinhalte des gesamten landschaftlichen Ökosystems
- Agrochemikalien belasten Pflanzen- und Bodendecke und das Grundwasser (s. Kap. 7).

Dimensionsspezifische Prozeßarten

In gewissem Maße entsprechen bestimmte Prozeßarten ganz bestimmten landschaftlichen Dimensionen: Prozesse in der Lufthülle zeichnen sich durch große Reichweiten und relativ hohe Geschwindigkeiten aus, betreffen demzufolge Landschaftsräume von regionischer und planetarischer Dimension. Bei weitreichenden Luftmassentransporten ist schon Saharasand nach Mitteleuropa verfrachtet worden; vulkanische Asche kann über Kontinente hinweg verbreitet werden.

Andere Prozesse, wie Bodenerosion, Erdrutsche, Geröllströme u. a., die zur Verlagerung fester Substanz führen, sind auf die unteren Stufen der chorischen Dimension beschränkt. Betrachtet man ihre Häufigkeit - zeitlich und räumlich -, dann sind solche Probleme von globalem Ausmaß.

Literaturempfehlungen:

Für vertiefende Studien zur landschaftsökologischen Theorie wird auf *Neef* 1963, 1983, *Herz* 1973, *Richter* 1968, *Leser* 1976, *Billwitz* 1988, *Haase, Barsch, Schmidt* et al. 1991 aufmerksam gemacht.

4. Methoden der landschaftsökologischen Forschung

Die Dimensionen der landschaftsräumlichen Ordnung sind maßgebend für die geeigneten landschaftsökologischen Forschungsmethoden, deren Einsatz in zweiter Hinsicht von den technischen Möglichkeiten abhängt.

Für die landschaftsökologische Forschung in der topischen Dimension gibt es prinzipiell zwei - in der praktischen Anwendung sich ergänzende - Methoden:

Geokomplexanalyse

Geokomplexanalyse: An ausgewählten Standorten werden nach vorhergegangener Überblickserkundung (Vorerkundung) detaillierte Untersuchungen vor Ort und im Labor zur Erkundung der Vertikalstruktur des topischen Geoökosystems und seiner Elemente vorgenommen. Nach einer ausreichenden Zahl von erkundeten Standorten sind Überblick und statistische Masse ausreichend, um die Typen der Geoökosysteme, die im Bearbeitungsgebiet vertreten sind, zu ermitteln. Danach wird im Gelände geprüft, wie diese Typen räumlich verbreitet und wie sie gegeneinander abgrenzbar sind. Das Ergebnis dieses Forschungsteils ist eine großmaßstäbige Karte über die Verbreitung von Geotopen, charakterisiert durch deren Typen in Kartenlegende und Texterläuterung.

Zwei Grundformen der topischen Landschaftsforschung
– Komplexanalyse
– Elementaranalyse

Elementaranalyse: Die wesentlichsten Geokomponenten der Landschaft werden im gleichen Maßstab und in einer adäquaten Detaillierung in der Erfassung ihrer wesentlichsten Merkmale kartiert, soweit nicht bereits entsprechendes Kartenmaterial vorliegt. Durch eine Art „Überdeckung“ wird aus den Geokomponenten-Karten die Geotop-Karte erarbeitet. Das Areal des Geotops ergibt sich aus der Kongruenz aller Geokomponentenareale. Dieses Verfahren wird in „klassischer“ Weise in der Slowakei für LANDEP (Landscape-ecological Planning) praktiziert.

„Computer-gerechte" Elementaranalyse

Mit der umfassender werdenden Nutzung von Computern und mit Hilfe bereits vorhandener Software wird dieses Verfahren zu einem guten Teil, was die Synthese betrifft, dem Computerprogramm überlassen. Anfänglich waren dafür auf der Basis der Gauß-Krüger-Koordinaten der Topographischen Karte entwickelte Feldernetzte mit quadratischen Bezugseinheiten geeignet. Inzwischen werden schon diskrete Flächen mit polygonalen Grenzen per Computer elementaranalytisch und -synthetisch erarbeitet.

Was im topischen Bereich mit direktem Bezug auf Geokomponenten und ihre Merkmale möglich ist, geht bei den **Choren** nicht mehr (s. Kap. 3.2). Hier muß sich die landschaftsökologische Forschung auf das innere Gefüge der Choren beziehen. In den höheren bis höchsten Integrationsstufen geht auch das nicht mehr; da muß sich der Bearbeiter auf die Ausweisung dominanter Merkmale beschränken. In dem Maße, wie der Direktbezug zu den einzelnen im Geokomplex vereinigten Geokomponenten aufgegeben werden muß, ist die landschaftsökologische Forschung, soweit es die Erfassung räumlicher Strukturen betrifft, auf vorhandenes Datenmaterial angewiesen oder muß, der jeweiligen Dimension entsprechend, „komponentenweise" erarbeitet werden. Für die **regionische Dimension** müssen allgemeine Merkmale gefunden werden, wie sie sich aus den Faktoren des „Formenwandels" (*Lautensach* 1953) ableiten lassen: Danach wird das Charakteristische einer Landschaft nach der geographischen Breite, von der Nähe oder Ferne zu den Ozeanen, von der Lage an der West- oder Ostseite der Kontinente und von der Höhenlage bestimmt.

Gefüge als Chorenmerkmal

Dominante Merkmale für Regionen

Die Ergebnisse der landschaftsökologischen Strukturanalyse sind die Voraussetzung der **landschaftsökologischen Prozeßforschung** und die entsprechende Anwendung der verschiedenen **Methoden**. Die Erfassung von landschaftsökologisch relevanten Stoff- und Energieflüssen setzt in der Regel Beobachtungen und Messungen über längere Zeiträume und ein nach der landschaftlichen Arealstruktur optimiertes Meßnetz voraus. Die Beobachtungen und Messungen der einzelnen Prozesse in Verbindung mit verschiedenen Medien müssen synchron bzw. in gleichen oder angemessenen Zeitintervallen stattfinden. Verbreitet sind periodische Messungen; aus den Meßwerten der einzelnen Zeitpunkte kann man auf den Prozeßablauf schließen und das typische Prozeßverhalten ableiten. Von Interesse sind schließlich charakteristische Werte für ein typisches Prozeßgeschehen und -verhalten des landschaftlichen Ökosystems. Soweit kontinuierliche Messungen notwendig sind, benötigt man automatische Meßstationen an den Objekten, wo mit Hilfe von Meßfühlern Stoff- und Energieflüsse verfolgt werden.

Forschungsmethoden – Forschungstechnik

Synchrone Messungen in den einzelnen Medien

Auch hier hängt der Methodeneinsatz von Größe und Dimension der für Untersuchungen vorgesehenen Landschaft ab. Mit aufsteigender Hierarchie in den Dimensionen müssen vorhandene Informationssysteme, z. B. des Meteorologischen Dienstes, zur Auswertung und Gewinnung landschaftsökologisch relevanter Aussagen genutzt werden.

Nutzung vorhandener Meßdaten für ranghöhere Dimensionen

Mit der Computertechnik und mit den aerokosmischen Beobachtungen haben sich auch für die landschaftsökologische Forschung neue Möglichkeiten ergeben. So lassen sich Prozesse simulieren mit Hilfe entsprechender Computerprogramme; Zustandsänderungen in der Landschaft und damit Rekonstruktion von Prozeßabläufen lassen sich aus Bildfolgen von Flugzeug- und Satellitenaufnahmen erkennen und vornehmen.

Konkrete und abstrakte Abbildungen der Landschaft

Wegen der Raumorientierung der Landschaftsökologie bleibt die räumliche Abbildung der Landschaft in ihren wesentlichen Zügen ein wichtiges Mittel der Forschung, aber das wichtigste Mittel der Ergebnisdarstellung. Das gilt für konkrete Abbildungen durch **Luft- und Satellitenbilder** und für die abstrakte Abbildung durch die **Karte**. Während aerokosmische Bilder „alles" von der Landschaft in Abhängigkeit vom Bildmaßstab und Auflösungsvermögen bringen, erscheint auf der Karte nur ein selektives Abbild der Landschaft - ganz nach dem Willen und Ermessen des Bearbeiters, der sich dabei vom Ziel seiner Forschung leiten läßt. Das ist der große Vorzug der Karte, deren Inhalt noch durch andere Ergebnisse, z. B. aus der Prozeßforschung, informativ ergänzt werden kann. Die Karte wird „konstruiert" nach ausgewählten Merkmalen unter Verzicht auf solche, die für Zielstellung, ob landschaftsökologische Basiskarte oder Referenzkarte für die Landschaftsplanung, nicht erforderlich sind. Moderne Computerprogramme machen landschaftsökologische Karten mit wechselnder Selektion von Merkmalen für gleiche definierte Raumeinheiten rasch und akkurat möglich.

Literaturempfehlungen:
Ausführliche Beschreibungen von Methoden der landschaftsökologischen Forschung findet man bei *Neef* 1963, *Leser* 1976, *Haase, Barsch, Schmidt* et al. 1991.

5. Merkmale des Verhaltens landschaftlicher Ökosysteme

Die aus Felderkundungen und -messungen, Laboranalysen sowie aus Bild- und Karteninterpretationen zustandegekommenen Forschungsergebnisse lassen sich in vielfältiger wissenschaftlicher und praktischer Hinsicht auswerten. Solche Ergebnisse sind Basisinformationen für die Beurteilung von Verhalts- und Reaktionsweisen landschaftlicher Ökosysteme. Vor allem im Hinblick auf die Beziehungen Mensch – Umwelt sind sie von großem Interesse und spielen in der öffentlichen Diskussion eine bedeutende Rolle. Das betrifft vorrangig Ökosystemmerkmale wie „ökologisches Gleichgewicht", „Stabilität", „Belastbarkeit" und „Diversität" der Landschaft.

Verhaltensmerkmale hinsichtlich anthropogener Eingriffe

Erfahrungsgemäß ist das **Gleichgewicht** der Landschaft mehr ein Thema theoretischer Erörterungen als ein praktischer Ansatz für die Nutzbarmachung landschaftsökologischer Erfahrungen und Ergebnisse. In der Landschaft, zumal in der genutzten, besonders mehrfach genutzten Landschaft, ist das „Gleichgewicht nichts anderes als ein Grenzfall von Ungleichgewichtszuständen im Prozeß der fortwährenden wechselseitigen Anpassung ... von System und Bedingungsgefüge" (s. Kap. 3.1). Die Erhaltung des landschaftlichen Ökosystems bei fortwährendem Wechsel der in dem System gebundenen Stoffe und Energien ist der Zustand des „Fließgleichgewichts". Störungen dieses Gleichgewichts in der Landschaft sind in der Regel auf anthropogene Eingriffe zurückzuführen. Ein einfaches Beispiel soll das deutlich machen: Durch die mittelalterlichen Rodungen verstärkte sich der Bodenabtrag, wodurch Bodenmaterial weit in die Vorländer verfrachtet und in den großen Tälern als Auelehm sedimentiert wurde. Im Zusammenhang damit schnitten sich die Flüsse infolge verstärkter Wasserführung tiefer ein, was u. a. auch zu einer Absenkung des Grundwassers führte. Erst nach vielen hundert Jahren stellte sich mit dem Ende der Rodungsperiode, nach einer Phase des Ungleichgewichts, ein neuer quasi-stationärer Zustand ein. Gleichgewichtszustände sind in der Landschaft – wie generell in der Natur – nicht beständig, sondern befinden sich im steten Wechsel.

Begriff des Gleichgewichts

Was die **Stabilität** betrifft, so wird darunter ganz allgemein die Fähigkeit eines Systems verstanden, durch Pufferung und Rückkoppelung den existierenden Zustand gegen äußere Einwirkungen zu erhalten oder in einer bestimmten Zeitspanne wiederher-

Relativität des Stabilitätsbegriffs

zustellen. Stabilität ist eng verknüpft mit dem Vermögen der Selbstregulation; sie ist nicht absolut, sondern relativ und das hinsichtlich der Art der Störung, des Systemzustands und des zeitlichen Ablaufs der Reaktionen auf die jeweiligen Störungen. Stabilität kann man nur in sehr kleinen landschaftlichen Raumeinheiten, in Geotopen und Nanochoren, erwarten (s. Kap. 3.2). In Abhängigkeit von gesellschaftlichen Interessen und Absichten ist die Stabilität eines landschaftlichen Ökosystems innerhalb vorgegebener Toleranzgrenzen subjektiv festlegbar. Der Grad der Widerstandskraft landschaftlicher Ökoysteme, auch „Persistenz“ genannt, entscheidet über ökologische Stabilität oder Labilität. Weltweit betrachtet, gibt es Regionen mit geringer Stabilität auf Grund der hohen Störanfälligkeit der vorhandenen Naturgegebenheiten; dazu gehören z. B. Savannen, Permafrostgebiete und die obersten Höhenstufen von Hochgebirgen.

Beurteilungsaspekte von Stabilität und Belastbarkeit

Im engen Zusammenhang mit der Stabilität (bzw. Labilität) steht die **Belastbarkeit** der Landschaft. Sie drückt den Grad der Empfindlichkeit oder Verletzlichkeit („Sensibilität“) der Landschaft für bestimmte Eigenschaften gegenüber vom Menschen ausgehenden Einwirkungen aus. Stabilität und Belastbarkeit sind ein Begriffspaar das gleiche Sachverhalte betrifft; unterschiedlich ist der Aspekt der Betrachtung: Stabilität berücksichtigt das landschaftliche Ökosystem, Belastbarkeit drückt die Beurteilung der Nutzungsmöglichkeiten und ihrer Grenzen aus.

Belastbarkeit ist relativ

Belastbarkeit ist wie Stabilität nicht absolut, sondern nur im Hinblick auf bestimmte Eigenschaften der Landschaft und auf die Art der Belastung zu verstehen und bestimmbar. Für die Definition der Belastbarkeit gibt es insofern einen gewissen Spielraum, weil neben der naturwissenschaftlichen Betrachtung gesellschaftliche Orientierungen und Zielsetzungen eine Rolle spielen. Wesentlich ist hierbei die Beachtung der landschaftlichen Funktionen. Unter naturwissenschaftlichen Aspekten betrachtet, so wird ein Laubwald z. B. weniger durch Immissionen belastet als ein Nadelwald, dessen Belastbarkeit in diesem Falle niedriger liegt. Berücksichtigt man die Nutzungsfunktion der Landschaft, so ergeben sich bei einer Veränderung der Vegetationsdecke zum Beispiel durch Vergrößerung der Ackerfläche auf Kosten des Waldes unterschiedliche Belastungsgrenzen im Hinblick auf Folgewirkungen für Bodenerosion, Wasserhaushalt oder ästhetische Wirkungen der Landschaft.

Die Relativität der Belastbarkeit ist aber keineswegs mit einem Zweifel an der Sinnfälligkeit des Begriffs und seines Inhalts verknüpft; denn schließlich ist die Feststellung der Belastbarkeit bzw. einzelner Belastbarkeiten (im Hinblick auf Belastungsart und zu erwartende Folgewirkungen einer spezifischen Belastung) wesentliches Kriterium für die Umweltverträglichkeitsprüfung.

Landschaftsökologische Diversität

Der aus der Geobotanik in die Landschaftsökologie übernommene Begriff **Diversität** kennzeichnet die Vielfalt landschaftlicher Erscheinungsformen und – damit verknüpft – die wechselseitigen Beziehungen der landschaftlichen Komponenten. Diversität im landschaftsökologischen Sinne erfaßt sowohl die Vielfalt in einem engeren landschaftlichen Areal, z.B. innerhalb eines Geotops oder einer Nanochore, als auch die Vielfalt subordinierter Raumeinheiten im Mosaik größerer Landschaftsräume. Eine weit gespannte Diversität, z.B. in der Artenzusammensetzung der Pflanzendecke, ist nach *Ellenberg* und *Schlüter* ein Ausdruck für hohe Stabilität. Diese Auffassung wird nicht uneingeschränkt vertreten. Sie trifft wohl nur auf solche Landschaften zu, wo Selbstorganisation und -regulation noch gut funktionieren. Vielfach herrschen Nutzungsformen in der Landschaft vor, wo Diversität wegen der Nutzungsziele ausgeschlossen wird, wie z.B. im Hinblick auf die landwirtschaftliche Nutzung und die angestrebten Ernteerträge. Nicht umstritten ist die Tatsache, daß die bis zur Einförmigkeit eingeschränkte Diversität zu einer Verringerung der Belastbarkeit entsprechender Ökosysteme führt. Zeugen dafür sind gestiegene Dispositionen und Anfälligkeiten hinsichtlich Bodenerosion, Schädlingsbefall, Windwurf u. a.

Umstritten: hohe Diversität gleich hohe Stabilität

Diversität in der intensiv genutzten Landschaft

In der intensiv genutzten Landschaft ist eine landschaftsökologisch erwünschte Diversität nur durch ein Mosaik wechselnder Nutz- und Regenerationsflächen („Naturflächen") zu verwirklichen. Die hochproduktive Landwirtschaft macht eine solche Lösung möglich; am wissenschaftlichen Vorlauf dafür wird gearbeitet. In einer solchen zukünftigen Landschaft lassen sich sowohl ökonomische und ökologische als auch gestalterische Aspekte durchsetzen.

Literaturempfehlungen:
Weiterführende und vertiefende Informationen im Zusammenhang mit praktischen Vorschlägen zur Lösung landschaftsökologischer Probleme finden sich bei *Niemann* 1988.

6. Ökologische Besonderheiten von Landschaftstypen in Deutschland

Deutschland hat Anteil an allen für Mitteleuropa charakteristischen Naturregionen: Hochgebirge der Alpen, Nördliches Alpenvorland, Mittelgebirge von unterschiedlichem Bau und stark wechselnden Gesteinen und Norddeutsches Tiefland. Diese großräumige Gliederung erklärt sich vor allem aus dem geologischen Bau, aus dem Gestein und aus der Oberflächengestalt. Diese beeinflussen, steuern und modifizieren die anderen wichtigen Geofaktoren in ihrer landschaftsökologischen Funktion und Wirksamkeit; im Zusammenwirken aller Geofaktoren ergeben sich die ökologischen Besonderheiten der naturräumlichen Großregionen, die sich ihrerseits aus Mosaiken von Landschaften unterschiedlicher Dimensionen zusammensetzen (s. Kap. 3.2).

Der deutsche Anteil an den **Alpen** beschränkt sich auf die Nördlichen Kalkalpen, die sich in die Allgäuer Molassekämme, die Flyschvoralpen, die niederen und hohen Kalkalpen untergliedern.

Die Molassekämme bestehen im wesentlichen aus wechsellagernden Konglomeraten, Sandsteinen und Mergeln; sie sind bis in hohe Lagen bewaldet, was vielerorts durch Almen unterbrochen wird.

Flyschalpen

In der anschließenden Flyschzone haben nur die höheren Gebirgsteile alpine Oberflächenformen, während niedere Lagen von Mittelgebirgsformen geprägt sind. Das Gesteinsmaterial aus Mergeln, Sand- und Tongestein ist hier landschaftsökologisch bedeutsam wegen seiner hydrologischen Eigenschaften: Das Gestein ist wasserstauend und neigt bei hoher Durchfeuchtung zum Quellen. Dadurch entsteht ein ausgeprägtes Bodenwechselklima mit Phasen hoher Feuchte und Phasen der Austrocknung. Aus den gleichen Gründen erklären sich ein dichtes Gewässernetz und eine hohe Disposition zu Rutschungen. Die hier vorherrschenden Fichten sind wegen ihrer flachen Wurzeln dafür kein Hindernis und dadurch selbst betroffen. (Vom 1280 m hohen Teisenberg hat sich im August 1991 eine Mure mit ca. 70 000 Kubikmeter Schlamm, Felsgestein und Holz in Richtung auf ein Feriendorf bewegt.)

Hochgebirgsrelief und -klima

Mit den niederen Kalkalpen beginnend nehmen die glazial und periglazial geprägten Reliefformen in den Kalkhochalpen zu. Dieser ausgeprägte Hochgebirgsformenschatz mit steilwandigen Bergen, Schutthalden, Karen, Trogtälern u. a. ist vor allem das Ergebnis des Zusammenwirkens von Höhenlage, Höhenstufen (von der Buchen-Tannenstufe über Wald- und Baumgrenze hinaus bis zur Frostschuttzone) und dem dadurch beeinflußten Klima. Neben diesen Formen gibt es an Oberflächenwasser arme Karsthochflächen mit Karrenfeldern und Dolinen.

Mit bis zu 2000 mm Jahresniederschlag, bis zu sechsmonatiger Dauer der Schneedecke, langer Frostperiode, permanent existierenden Firnfeldern und kleinen Gletschern in nordexponierten Lagen herrschen hier vergleichsweise extreme landschaftsökologische Bedingungen.

Diese drücken sich auch in einer deutlich verkürzten Vegetationsperiode, vor allem in den höheren Lagen aus. Die Gipfel und gipfelnahen Bereiche ragen sehr oft über das Kondensationsniveau hinaus und empfangen so eine deutlich höhere Einstrahlung als die tieferen Lagen. Das kommt dem Oberboden als Strahlungswärme zugute, während die auflagernde Luft kühler ist. Mit dieser Strahlungs- und Wärmebegünstigung kompensieren die alpinen Pflanzen durch rascheres Wachstum in einem gewissen Grade die verkürzte Vegetationsperiode.

Verwitterung und Massenbewegung

Als Folge des hochfrequenten Wechsels von strahlungsbedingter Erwärmung und nächtlicher Abkühlung der Gesteinsoberfläche sowie unter Mitwirkung von Frost ist die mechanische Verwitterung sehr stark. Große Mengen von Schutt sammeln sich am Hangfuß, werden unter Mitwirkung von Wasser (Muren und Bachschotter), Gletschereis (Moränen) oder Schnee (Lawinen) abtransportiert. Mit diesen – oft spontanen – Massenbewegungen sind häufig andernorts Veränderungen, z. B. in Pflanzen- und Bodendecke, verbunden, die landschaftsökologisch wirksam werden.

Die Grenzbereiche der Höhenstufen, besonders an der Wald- und Baumgrenze, sind Kampfzonen für das Überleben von Pflanzen- und Tierwelt der jeweils darunter folgenden Höhenstufe. Der wirtschaftende und sonstwie, z. B. als Tourist, tätige Mensch ist längst ein maßgeblicher Faktor im Prozeß der Veränderungen in der alpinen Landschaftsökologie geworden (s. Kap. 8).

Das **Nördliche Alpenvorland** ist sowohl genetisch als auch landschaftsökologisch engstens mit der Orogenese der Alpen und seiner landschaftsökologischen Struktur und Dynamik verbunden. Während der alpinen Gebirgsbildung im Tertiär war das heutige Alpenvorland Sedimentationstrog für die Alpen, und im Pleistozän haben Alpengletscher und deren Schmelzwässer Lockermaterial als Grund- und Endmoränen und zu Schotterflächen aufgeschüttet. Im Anschluß an die nach Norden gerichteten Alpentäler sind Zungenbecken entstanden; die größeren davon sind heute noch mit Wasser gefüllt und bekannte Seen. In weitem Bogen um die Zungenbecken verlaufende Endmoränenwälle markieren die Grenze der jüngeren, der würmzeitlichen Vergletscherung.

Genetische Affinität zu den Alpen

Nördlich davon folgen die flacheren Formen des Altmoränengebietes, wo es kaum Seen oder Moore gibt; teilweise lagern auf den älteren Sedimenten Lößdecken. Nördlich davon folgen weite Schotterfelder, die in Richtung auf die Donau an Mächtigkeit verlieren. Das hat zur Folge, daß das über dichtem Tertiär Untergrund gestaute Grundwasser sehr nahe an die Oberfläche tritt, wodurch z.T. weitflächige Vermoorungen auftreten (Dachauer und Erdinger Moos).

Drei wesentliche ökologische Besonderheiten: Gestein, Klima und Abfluß

Die unterschiedliche Ausbildung der vielschichtigen Sedimentationsdecke ist ein wesentliches Kriterium der landschaftsökologischen Besonderheiten des Alpenvorlandes. Ein weiteres wichtiges Kriterium ist das durch die Alpen beeinflußte Klima, und zwar mit Annäherung an das Gebirge in zunehmendem Maße: Eine südwestliche Strömung erzeugt nördlich der Alpen Föhneffekte, die zu Wolkenauflösung, Trockenheit und guter Fernsicht führen, aber auch das Wohlbefinden der Menschen (Föhnkrankheit) nachteilig beeinflussen. Nördliche bis nordwestliche Strömungen erzeugen Stau mit Bewölkungsverdichtung und verstärkter Schauertätigkeit. Kaltlufteinbrüche halten sich wegen dieses Effekts im Alpenvorland länger als anderswo. Im allgemeinen Witterungsablauf gibt es häufig Wetterstürze, sowohl im Sommer wie im Winter. Daraus ergibt sich bioklimatisch gesehen ein recht gegensätzliches, oft auch rauhes Reizklima, das nur in der Umgebung der großen Seen eine gewisse Milderung erfährt.

Landschaftsökologische Affinität zu den Alpen

Die das Alpenvorland querenden großen Flüsse haben ihren Ursprung in den Alpen. Infolge der verzögerten Schneeschmelze werden die höchsten Abflußwerte im Juni erreicht; im Januar ist die Wasserführung am geringsten. Danach haben die großen Flüsse im Nördlichen Alpenvorland ein „nivales Abflußregime“. Fallen Schneeschmelze und sommerliches Niederschlagsmaximum zusammen, kann das Abflußmaximum über 200% des Jahresmittels erreichen. Unter Einbeziehung der im Alpenvorland selbst entspringenden Flüsse, die wegen ihres andersartigen Speicherregimes eine ausgeglichenere Wasserführung haben, kann man das Alpenvorland als „nivopluviales“ Abflußregime einstufen.

Der Anteil an Mooren ist bedeutend; sie werden als Streuwiesen genutzt, wodurch die vorkommenden Gehölzarten zurückgedrängt wurden. Im allgemeinen folgt die hier vorherrschende

Landwirtschaft den Naturbedingungen: Mit zunehmender Höhenlage und Niederschlagsmenge in Annäherung an den Alpenrand löst die Vieh- und Grünlandwirtschaft den Ackerbau der niederen Lagen ab.

Ein großer Teil der Landfläche Deutschlands ist **Mittelgebirge**. Die einzelnen Gebirge gehören morphotektonisch zwei Grundtypen an:

- Rumpfschollengebirge aus magmatischen und metamorphen, varistisch gefalteten Gesteinen - die sog. Grundgebirge;
- Schichtstufengebirge aus schräg gestellten Schichten von Sedimentgesteinen - die sog. Deckgebirge.

Vulkanische Gesteine und Reliefformen kommen innerhalb dieser beiden Gebirgstypen vor.

Landschaftsökologisch bedeutsame Vielfalt der deutschen Mittelgebirge

Die Vielfalt der Morphotektonik ist auch landschaftsökologisch von Bedeutung. Die Rumpfschollengebirge bilden weithin flache Rumpfflächen, die durch tiefe Täler, Gräben und Becken gegliedert sind; erst dadurch wird der Eindruck eines Gebirges vermittelt. Über die Flächen ragen Bergkuppen bis nahe 1500 m Höhe über die Waldgrenze auf. Nur in der Schwäbischen Alb erreicht das Schichtstufengebirge Höhen von über 1000 m.

Die deutschen Mittelgebirge sind großflächig bewaldet, wobei an die Stelle der Laub- und Mischwaldbestockung schon im vergangenen Jahrhundert verbreitet der Fichtenforst mit vielen nachteiligen Folgen getreten ist (s. Kap. 8.1). Vor allem in den Schichtstufengebirgen finden sich noch große Laub- und Mischwaldbestände. Die Höhenstufung in den Mittelgebirgen ist - im Vergleich zu den Alpen - naturgemäß nicht so differenziert; zum anderen ist sie anthropogen häufig stark verändert, und daher nur noch vereinzelt erkennbar, so z. B. am Brocken im Harz. Die Besiedlung ist zum Teil sehr dicht, wie im Erzgebirge, und reicht bis in Höhenlagen um tausend Meter, wie im Schwarzwald.

Überregionale ökologische Bedeutung als Wasserreservoir

Auf Niederschlagskarten erscheinen die Mittelgebirge gegenüber dem Tiefland als „Feuchteinseln", wo in den höheren Lagen zwischen 1000 und 1400 mm Niederschlag im Jahr fallen (im hohen Nord-Schwarzwald sind es über 2000 mm). Die Niederschläge sind häufiger und ergiebiger als im Tiefland, wozu der Luftmassenstau in erheblichem Maße beiträgt. Sobald das Kondensationsniveau der Erdoberfläche sehr nahe kommt, veringert sich die Verdunstung, was ebenfalls zur Erhaltung eines bedeutenden Feuchtevorrats beiträgt.

Mulitfunktion von Talsperren

Das wird durch die verbreiteten periglazialen Hangschuttdecken als Wasserspeicher begünstigt. Zahlreiche Talsperren sind des Nie-

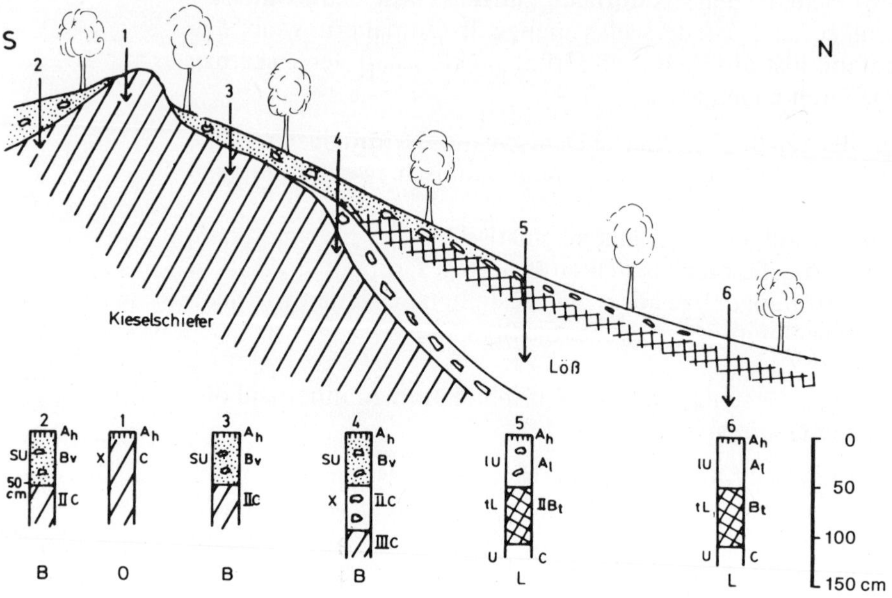

Profil 1 : O= Ranker aus Kieselschiefer

Profil 2 / 3 : B= Braunerde aus Deckschutt

Profil 4 : B= Braunerde aus Deckschutt über Basisschutt

Profil 5 : L = Parabraunerde (Phäno - Parabraunerde)aus Deckschutt über Löß

Profil 6 : L = Parabraunerde aus Löß

Abb. 7
Bodenabfolge im nordöstlichen Rheinischen Schiefergebirge am Beispiel des Kellerwaldes. Symbole rechts der Profile = Horizontsymbole, links = Bodenarten (nach Semmel 1981).

derschlagreichtums wegen an den nördlichen Rändern der Mittelgebirge errichtet worden. Das Abflußmaximum wird im zeitigen Frühjahr nach der Schneeschmelze, nicht selten kombiniert mit Frühjahrsniederschlägen, erreicht. Das erklärt, warum die Speicherung in den Talsperren in den meisten Fällen Mehrzweckaufgaben verfolgt. Die Niedrigwasserperiode liegt im Sommer, falls es nicht zu ergiebigen Niederschlägen kommt.

Die Bodenbildung wird im hohen Maße vom Ausgangsgestein, von der Oberflächengestalt und vom vergleichsweise hohen Feuchteanfall geprägt. Letzterer ist ausschlaggebend für die Podsolierung der Böden auf saurem Gestein (z. B. Granit und Gneis) und für das Entstehen staunasser Böden auf bindigem Material in ebenen und muldigen Lagen (Pseudogleye oder Staugleye). Die periglazialen Schuttdecken haben in der Regel auch eine Lage aus lößähnlichem Material, so daß sich tiefgründigere Böden entwikkelt haben.

Der Boden ist gewissermaßen ein landschaftsökologisches Integral des Zusammenwirkens vieler Geofaktore, hier besonders

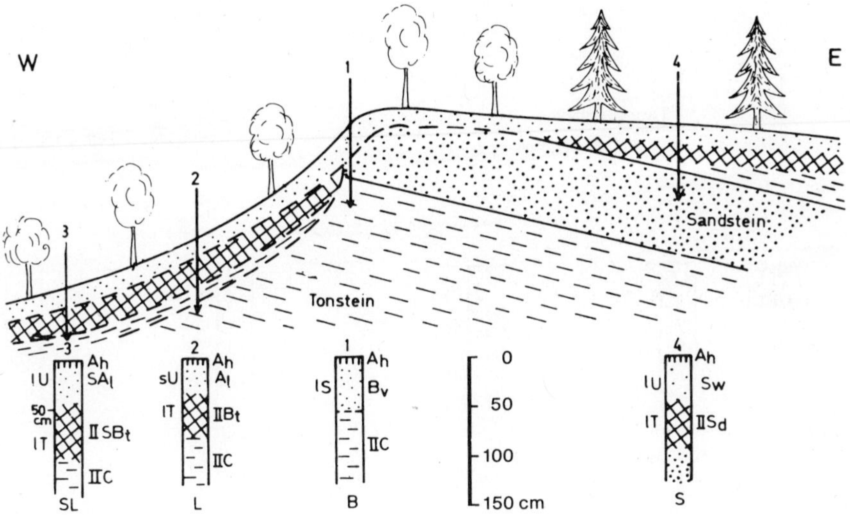

Profil 1 : B = Braunerde aus Deckschutt

Profil 2 : L = Phäno - Parabraunerde aus Deckschutt über Basisschutt

Profil 3 : SL = Pseudogley - Phäno - Parabraunerde aus Deckschutt über Basisschutt

Profil 4 : S = Pseudogley aus Deckschutt über Basisschutt

Abb. 8
Bodenabfolge im Osthessischen Bergland als Beispiel für das Buntsandstein-Tafelland. Symbole rechts der Profile = Horizontsymbole, links = Bodenarten (nach Semmel 1981).

Gestein, Relief und Klima als wesentliche Ursachen wechselnder Standortqualitäten (s. Kap. 3.).

Die Verschiedenartigkeit der Bodenbildungen in den einzelnen Gebirgen wird mit den folgenen Abbildungen veranschaulicht (s. Abb. 7 bis 11).

Der Übergang von der Mittelgebirgsschwelle zum nördlichen Tiefland vollzieht sich in einem in seiner Breite wechselnden Saum, dessen landschaftsökologische Qualität maßgebend durch ein äolisch transportiertes und akkumuliertes Sediment, den Löß, bestimmt wird. Das **Lößgebiet** in Deutschland ist Teil des europäischen Lößgürtels, der sich von der Bretagne bis nach Osteuropa erstreckt. Darüber hinaus gibt es Lößverbreitung in den Mittelgebirgen dort, wo durch breite Täler und Buchten räumlicher Kontakt mit dem nördlichen Vorland des Mittelgebirges gegeben ist, so z. B. im Thüringer Becken.

Die Lößverbreitung wird in Landschaftsnamen speziell durch die Grundworte „Börde“, „Gäu“ und „Gefilde“ ausgedrückt. In den

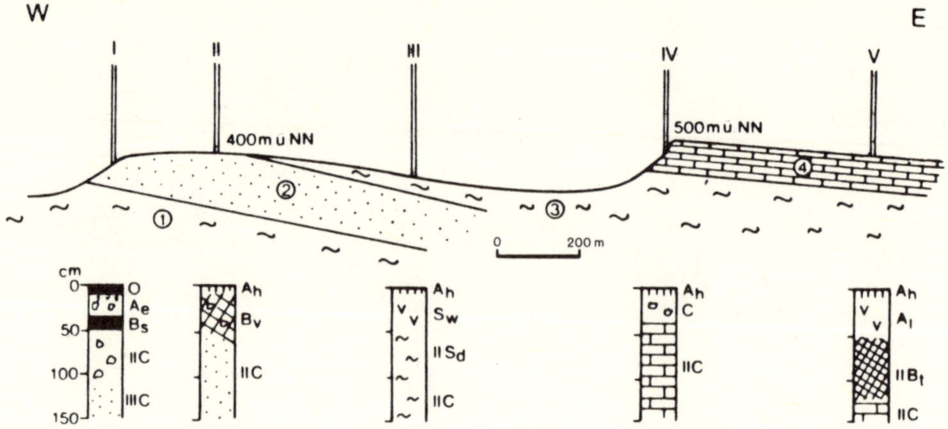

Abb. 9
Böden des Süddeutschen Schichtstufenlandes am Beispiel Frankens (nach Semmel 1985).

meisten Fällen überdeckt der Löß Geschiebelehm älterer Kaltzeiten (s.u.), also gewissermaßen Altmoränengebiete. Vorherrschende Oberflächenformen sind Hügelländer; es gibt aber auch weitgehend ebene lößbedeckte Landstriche, wie z. B. in der Kölner Bucht und in der Magdeburger Börde. Die Mächtigkeit der Lößdecke beträgt im Mittel 1 bis 3 m, erreicht aber auch unmittelbar vor dem Rand des Mittelgebirges Mächtigkeiten von über 10 m (in der „Lommatzscher Pflege“ in Mittelsachsen sind Mächtigkeiten von 16 m erkundet worden). Besonders mächtige Lößdecken verdanken ihre Entstehung mehreren Akkumulationsphasen während verschiedener Kaltzeiten, die jeweils durch Warmzeiten mit Bodenbildung unterbrochen wurden.

Löß – landschaftsprägender und -ökologischer Hauptfaktor

Die nördliche Lößgrenze, zum Teil als markante Stufe ausgebildet, ist auch landschaftsökologisch von Bedeutung. Nördlich davon geht der Löß abrupt in eine geringmächtigere sandige Fazies - von Süd nach Nord: sandiger Löß, Sandlöß und Treibsand - über. Nach Süden zu in Richtung auf die Mittelgebirge ist der Löß zunehmend verlehmt und umgelagert, so daß auch damit andere landschaftsökologische Qualitäten als im Kerngebiet der Lößverbreitung verbunden sind.

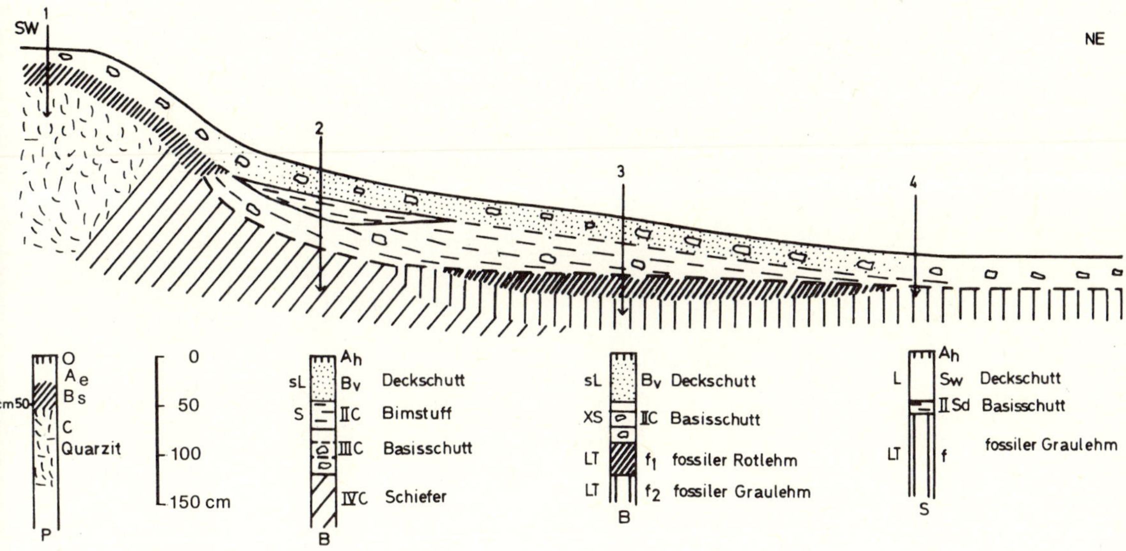

Profil 1 : P = Podsol

Profil 2 : B = Braunerde

Profil 3 : B = Braunerde

Profil 4 : S = Pseudogley

Abb. 10
Bodenabfolge auf Resten einer alten Rumpffläche im Rheinischen Schiefergebirge am Beispiel des Taunus. Symbole rechts der Profile = Horizontsymbol, links = Bodenarten (nach Semmel 1981).

Lößgebiete sind **Altsiedelland**, möglicherweise von Natur aus lokkerer bewaldet, und durch jahrhundertelange landwirtschaftliche Nutzung weithin gehölzarmes Offenland. Lößböden bieten dank ihrer guten physikalischen Struktur hervorragende Voraussetzungen für die agrarische Pflanzenproduktion. Die Hauptbodenform in den etwas feuchteren Lößhügelländern (550–600 mm/a Niederschlag) ist die Parabraunerde, in den trockeneren Börden im Regenschatten der Gebirge ist es die Schwarzerde bis Braun-Schwarzerde. Mit der Veränderung des Lösses in sog. Löß-Derivate ändern sich die Bodenbildungen und damit auch die landschaftsökologischen Eigenschaften (s. Abb. 12).

Neben dem hohen Ertragspotential gibt es noch andere landschaftsökologische günstige Eigenschaften, wozu auch die hohe Wasserkapazität gehört. Damit ist auch eine gewisse Schutzfunktion gegenüber Kontamination des Grundwassers verbunden, die um so wirksamer ist, je mächtiger der Löß ist.

Lößlandschaften haben gegenwärtig noch eine sehr geringe Diversität; es dominiert die zweckgerichtete Monokultur der agrarischen Produktion. Die weithin offene Landschaft ist schon bei geringsten Neigungen (ab 1°) anfällig gegen wassergebundene

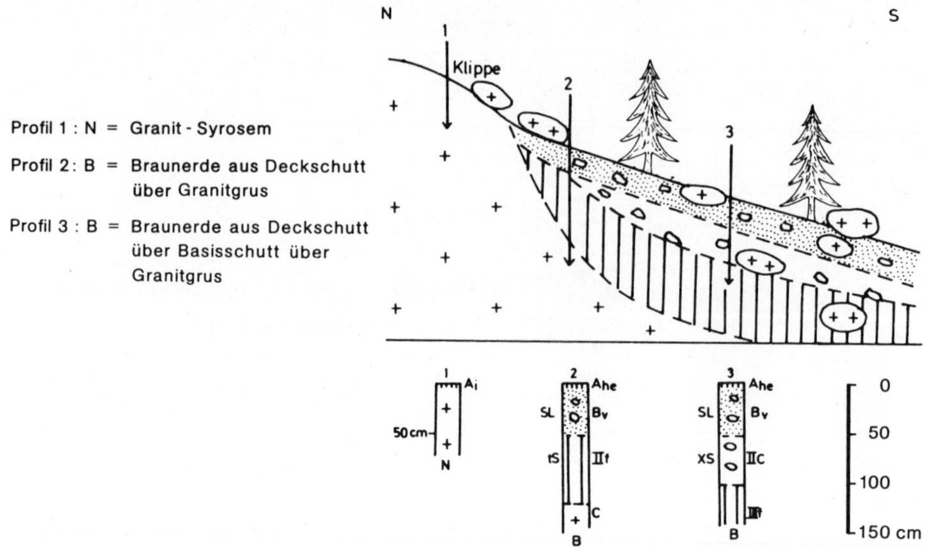

Abb. 11 Bodenabfolge im vergrusten Granit am Beispiel des Bayrischen Waldes. Symbole rechts der Profile = Horizontsymbole, links = Bodenarten (nach Semmel 1981).

Bodenerosion, was mit der sonst so günstig zu beurteilenden Bodenstruktur zusammenhängt. Im Auelehm solcher Flüsse, die durch das Lößgebiet ihren Lauf nehmen, ist in der Kornzusammensetzung die Lößkomponente stets deutlich auszumachen. Dort, wo Ackerbau auf Großschlägen (100 ha und mehr) betrieben wird und betrieben wurde, erweitern sich die Einzugsgebiete für die Bodenerosion, aber auch das Wirkungsfeld von Winderosion und die Anfälligkeit für Wassererosion erhöhen sich.

Das Lößgebiet wirkt durch seine Armut an Wald und auch an kleineren Gehölzflächen steppenhaft; es fehlen ökologisch wirksame Biotope, die u. a. auch für die biologische Schädlingsbekämpfung nützlich werden könnten. Die Beseitigung der Wiesen- und Gehölzstreifen in den Dellen, so z. B. im sächsischen Lößgebiet, haben die genannten landschaftsökologischen Negativwirkungen noch verstärkt.

Glazial geprägtes Tiefland

Das hauptsächlich durch die Vorstöße des nordischen Inlandeises während des Pleistozäns geprägte **Norddeutsche Tiefland** ist ein Hügel- und Plattenland mit ausgedehnten Niederungen und z. T. wassergefüllten Becken. Der glaziale und glazifluviale Formenschatz aus End- und Grundmoränen, Zungenbecken und Schmelzwasserrinnen, Sandern und Urstromtälern ist nachträglich periglazial, fluvial, limnisch, marin und biogen mehr oder weniger verändert worden, wobei die Dauer der verändernd wirkenden Prozesse eine Rolle spielt. Man unterscheidet deshalb Alt- und Jungmoränengebiet sowie verschiedenartig gestaltete Küstenbereiche (s. Abb. 13).

Das **Altmoränengebiet** ist gekennzeichnet durch stark abgetragene Oberflächenformen, entkalkte und an Feinmaterial verarmte Substrate. Ehemals wassergefüllte Hohlformen sind inzwischen verlandet, in Niederungen sind z. T. ausgedehnte Moore entstanden, die durch Torfgewinnung erhebliche ökologische Veränderungen erfahren haben. Das in Nordwestdeutschland als **Geest** bezeichnete Gebiet hat durch starken Holzeinschlag und durch Schafhaltung markante Veränderungen erfahren, die in der **Lüneburger Heide** mit ihrer Zwergstrauchvegetation eine besonders reizvolle Landschaft hervorgebracht haben.

Durch den Wechsel von Acker-, Wald-, Wiesen- und Moorflächen besitzt das Altmoränengebiet landschaftsökologische Diversität und damit eine geringere Störanfälligkeit. Es existieren funktionsfähige Biotope.

Ökologisches Hauptmerkmal: Bodenbildungen

Die landschaftsökologischen Besonderheiten ergeben sich im wesentlichen aus Unterschieden in den bodenbildenden Substraten: Flächen aus Geschiebelehm sind geeignete Ackerflächen, deren Ertragspotential durch Dränage zur Beseitigung zeitweiliger Staunässe aufgebessert worden ist. Die vorherrschenden Sandflächen sind vielfach ausgedehnte Waldflächen mit deutlicher Kieferndominanz; sie werden als „Heiden“ bezeichnet. Vermoorte, aber entwässerte Niederungsgebiete werden hauptsächlich als Grünland und für eine bedeutende Viehhaltung genutzt.

Die Sandgebiete verfügen wegen der Durchlässigkeit ihres Substrats über ein hohes Potential zur Grundwasserneubildung; entsprechend sind diese Gebiete in die Trinkwasserversorgung einbezogen. Andererseits ist das Puffervermögen sehr gering, so daß die Gefahr der Grundwasserkontamination besteht. Diese ist besonders hoch und inzwischen sehr akut, z. B. in Süd-Oldenburg, wo das Grundwasser oberflächennah ansteht und durch den hohen Viehbesatz sehr viel Gülle anfällt und ausgebracht wird.

Frische Reliefformen im Jungmoränengebiet

Vergleichsweise gut erhalten sind die Zeugen der letzten Vereisung im **Jungmoränengebiet**; das gilt im besonderen Maße für die bewegten Reliefformen nahe der ehemaligen Eisrandlagen. Endmoränenwälle, kuppige Grundmoränen und abflußlose Hohlformen sind die auffälligsten Reliefelemente in diesem Gebiet, das in Mecklenburg und Brandenburg seine größte Verbreitung hat. Die eiszeitlichen Zungenbecken und Rinnen bilden teils voneinander getrennte, teils miteinander verbundene Seen, z. T. von beachtlicher Größe. In Verbindung mit den Reliefformen machen sie den landschaftlichen Reiz aus, der besonders in der Mecklenburger Seenplatte und im Ostteil Schleswig-Holsteins ausgeprägt ist.

Ähnliche landschaftsökologische Bedingungen wie im Altmoränengebiet erklären ähnliche Nutzungsformen mit entsprechen-

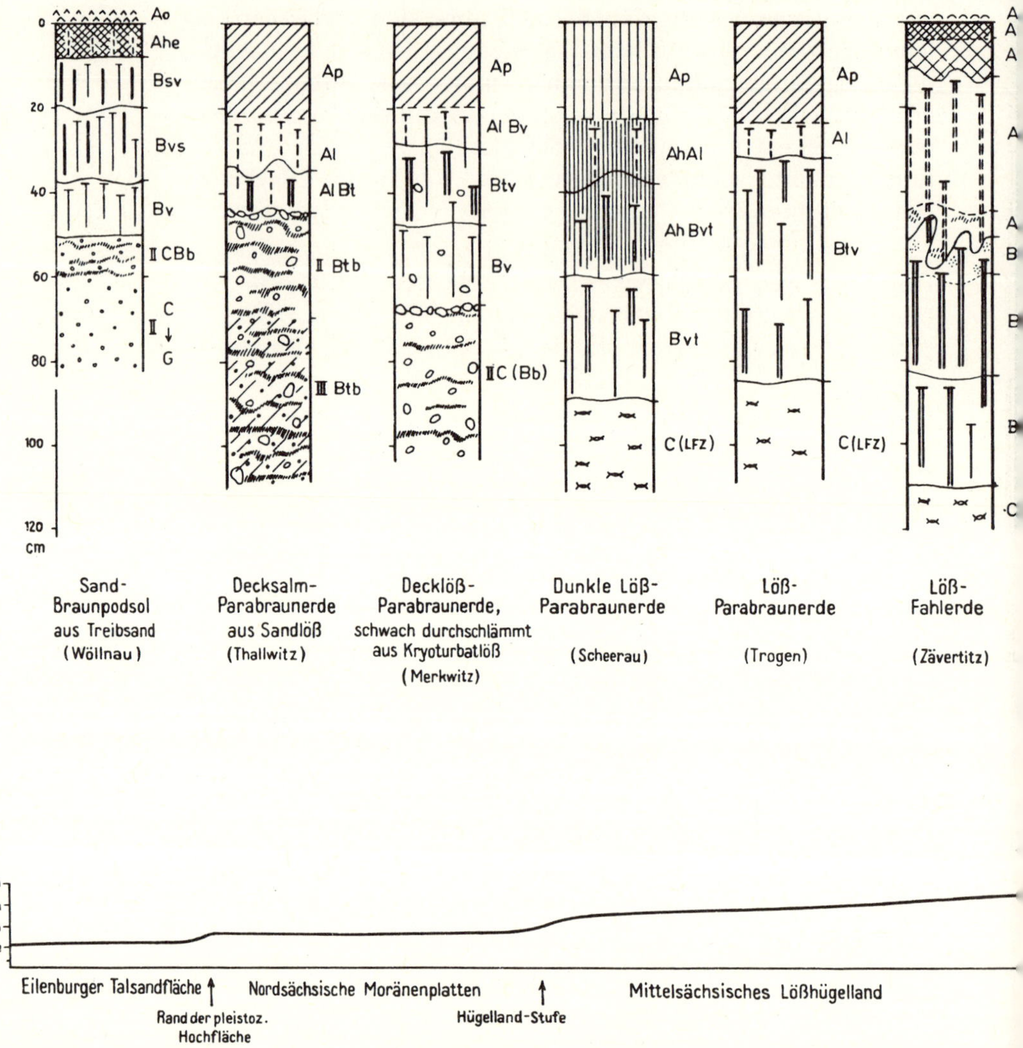

Mittlere Jahres-T	9.0			8.6		8.
Mittlerer Jahres-N	570	575	590	560	620	
RF nach LANG	63	64	67	65	74	

Abb. 12
Chorosequenzen der Böden in Sachsen.
Nord-Süd-Profil in Nord- und Mittelsachsen sowie dem Erzgebirge.

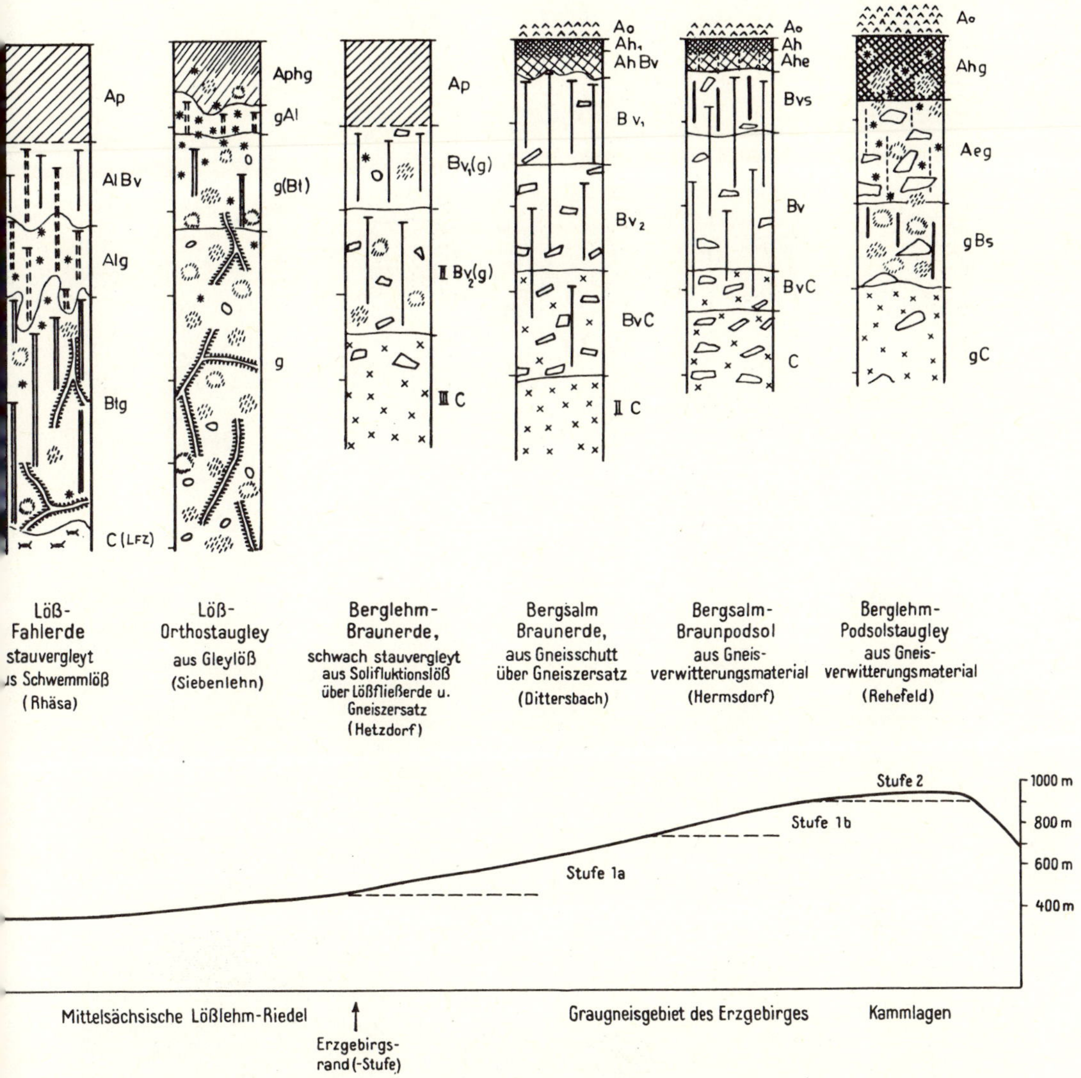

	7.9	7.6	7.0	6.2	4.7	°C
690	740	800	870	920	1000	mm
85	92	105	124	148	213	

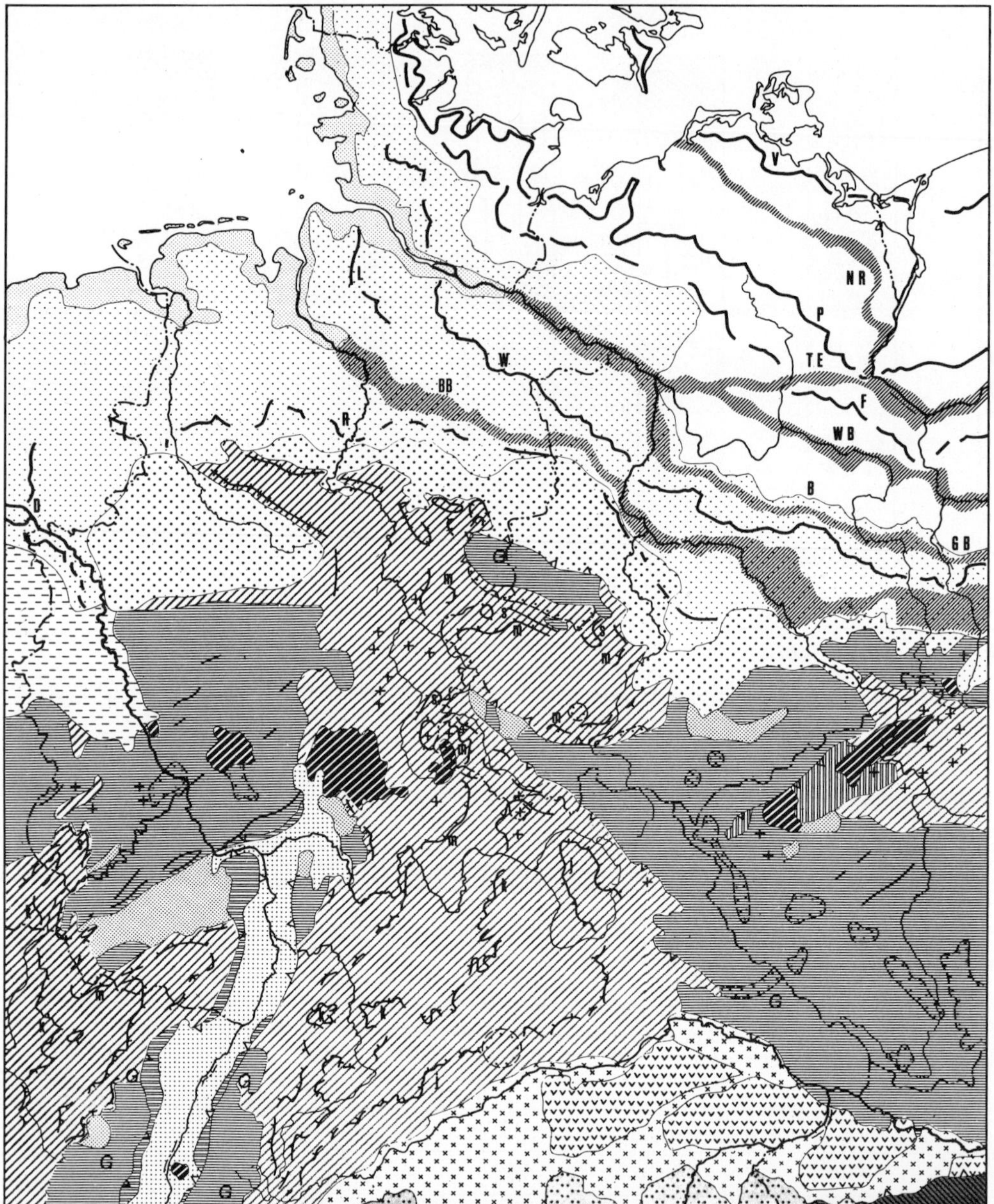

Abb. 13
Geographie Deutschlands; Gebiete ähnlicher Oberflächenformen (nach Liedtke 1985).

Inseln und Marschensaum der deutschen Nordseeküste

Norddeutsches seenreiches Jungmoränengebiet mit Eisrandlagen und Urstromtälern einschließlich der Kliff- und Nehrungsküste an der Ostsee

Norddeutsches seenarmes Altmoränengebiet mit verwaschenen Endmoränen und Urstromtälern

Norddeutsches seenarmes Altmoränengebiet, stellenweise mit Lößdecken und (oder) gelegentlichen Durchragungen älteren Gesteins

Flachland aus lockeren Flußablagerungen und Tertiärsedimenten, teilweise von Löß bedeckt

Rumpfschollengebirge aus stark gefalteten paläozoischen Sedimentgesteinen, stellenweise auch magmatische Gesteine; mit Härtlingszügen

Rumpfflächen oder Hügelländer auf Rotliegendsedimenten mit altvulkanischen Durchragungen oder Decken

Flachland des Oberrheingrabens mit Randschollen und Alzeyer Platte

Flach- und Hügelland des Egergrabens

Tafelländer und Stufenlandschaften mit Schichtrippen und Schichtkämmen, vorwiegend aus mesozoischen Sandsteinen und Kalken, im Norden mit kleinräumigen Aufbeulungen und Becken, im Schweizer Jura stark gefaltet

Flachwelliges Hügelland des deutschen Alpenvorlandes aus tertiären oder quartären Aufschüttungen, teilweise lößbedeckt

Altmoränen, Schotterplatten und Talböden im deutschen Alpenvorland

Seenreiche Jungmoränenlandschaft des deutschen Alpenvorlandes, mit Durchragungen von Festgestein

Alpine Hochgebirgsformen

Größere zusammenhängende Decken und Kuppenfelder tertiärer vulkanischer Gesteine

Größere Becken durch Tektonik, Ausraum, Auslaugung oder Meteoriteneinschlag

Bruchstufen

Schichtstufe im: **s** Buntsandstein, **m** Muschelkalk, **k** Keuper, **j** Jura

Schichtkamm

Saaleeiszeitliche Eisrandlagen: **D** Drenthestadium, **R** Rehburger Stadium, **L** Lamstedter Vorstoß, **W** Warthestadium

Weichseleiszeitliche Eisrandlagen: **B** Brandenburger Stadium, **F** Frankfurter Stadium, **P** Pommersches Stadium, **V** Velgaster Staffel

Urstromtäler: **BB** Breslau-Bremer Urstromtal, **GB** Glogau-Baruther Urstromtal, **WB** Warschau-Berliner Urstromtal, **TE** Thorn-Eberswalder Urstromtal, **NR** Netze-Randow-Urstromtal

G Nachgewiesene eiszeitliche Vergletscherung von Mittelgebirgen den möglichen und tatsächlichen ökologischen Folgewirkungen. Im Jungmoränengebiet betreffen landschaftsökologische Risiken zusätzlich die Ökologie der Seen im Zusammenhang mit der Intensivlandwirtschaft in der Umgebung durch Eutrophierung sowie durch gestiegenen Tourismus.

Wechsel von Flach- und Steilküsten

Die **Küstenformen** an Ost- und Nordsee sind vorgeprägt durch den eiszeitlichen Formenschatz: Steilküsten befinden sich überall dort, wo das Meer auf Moränen trifft; Flachküsten sind dagegen durch marine Akkumulation entstanden. Eine Ausnahme bildet die Kreideküste, eine Steilküste, von Rügen.

In ihrer horizontalen Gestalt unterscheiden sich Boddenküste, Fördenküste und Wattenküste. Die zwischen Oder- und Warnowmündung entstandene **Boddenküste** ist das Ergebnis des postglazialen Meeresanstiegs, der hier auf ein flaches Grundmoränenrelief getroffen ist. An die über die Wasseroberfläche herausragenden Inselkerne haben sich durch Meerestätigkeit sandige Nehrungen angelagert und die Boddengewässer mehr oder weniger von der offenen See abgeschlossen. Die Boddengewässer sind in ihrer Ökologie wegen Eutrophierung durch Abwässer aus Siedlungen und Landwirtschaft gefährdet. Die Uferbereiche werden vielfach von Schilfgürteln gesäumt, deren Existenz insofern günstig ist, da in ihnen Schadstoffe aufgehalten werden.

Inselkerne und Nehrungen

Für die Ostseeküste Schleswig-Holsteins ist die **Fördenküste** charakteristisch, deren schmale Meeresbuchten, die Förden, eiszeitlich entstandene, vom Meer überflutete Rinnen darstellen. Sie sind tiefer als die Boddengewässer und haben Kontakt zur offenen See, wodurch sie an Austauschprozessen des Meereswassers beteiligt sind.

Amphibische Landschaft an der Nordseeküste

Die deutsche Nordseeküste ist fast ausnahmslos eine **Wattküste**, die durch den Wechsel von Ebbe und Flut entstanden ist. Das Watt besteht aus verschiedenen, miteinander verzahnten Faziesbereichen: mit Muschelschalen durchsetztes Sand-, Schlick- und Mischwatt. Dieses amphibische Land fällt bei Ebbe trocken und wird bei Flut vom Meer überspült und aufgeschlickt. Durch flache, unterschiedlich breite Rinnen, durch die das Meerwasser zu- und abfließt, erhält das Watt eine fein reliefierte Oberfläche. Hoch aufgeschlicktes Watt, das nicht mehr vom mittleren Hochwasser erreicht wird, heißt dann Marsch und wird nach Eindeichung einer landwirtschaftlichen Nutzung zugeführt.

Beschaffenheit und die durch die Gezeiten hervorgerufene Dynamik verleihen der Wattenküste in Deutschland Einmaligkeit, die als Nationalpark besonders geschützt wird. Die Einmaligkeit erstreckt sich auch besonders auf die an Arten und Zahl reiche einheimische und zeitweilig vorhandene Tierwelt.

Die Gezeiten und die in die Nordsee mündenden Flüsse bestimmen die Landschaftsökologie des Watts. Sowohl vom Meer als auch von den Flüssen drohen durch Verschmutzung die Gefahren.

Landschafts-ökologisch wirksam: Auelehme und Grundwasser

Die **Talauen** der großen Flüsse sind aufgefüllt mit feinkornreichem Hochflutlehm, auch Auelehm genannt, der die mächtigen Schotterkörper überlagert. Im Talquerschnitt lassen sich häufig Faziesbereiche unterscheiden: sandige Fazies in Ufernähe, schluffreiche Fazies in der Mitte und tonreicheres Fazies in Talrandnähe. Für die Ökologie der Talauen spielt das in unterschiedlicher Höhe anstehende Grundwasser eine bedeutende Rolle.

Die ursprünglich große Verbreitung des Auewaldes, artenreichster Waldtyp Mitteleuropas, ist stark zurückgedrängt worden und auf Restflächen reduziert. Nur selten noch gibt es ausgedehnte Waldareale, wie z. B. innerhalb, nördlich und südlich des Stadtgebietes von Leipzig. An die Stelle des Waldes sind Grünland und Ackerflächen getreten, die durch Deiche gegen mögliche Überflutungen geschützt sind.

Chancen für die Erhaltung von Feucht-Biotopen

Durch Altwasserarme ist in den Talauen ein landschaftlich reizvolles und landschaftsökologisch wirksames Netz verschiedenartiger Geotope mit interessanten Biozönosen entstanden, das sich zu erhalten lohnt.

Ihrer Grundwasservorräte in den Schotterkörpern wegen wird verbreitet aus den Talauen Wasser zur Trinkwassergewinnung gefördert. Dieses Grundwasser ist gemischt mit uferfiltriertem Flußwasser und bedarf daher einer besonderen Aufbereitung, da die meisten Flüsse, besonders in Ostdeutschland, stark durch Abwasser belastet sind.

Moderne Auffassungen von Umwelt-, Landschafts- und Naturschutz betonen zunehmend den ökologischen Wert von Feucht-Biotopen. Hier könnte im Zusammenhang mit der Erhaltung und Schaffung von Regenerationsflächen besonders an die Talauen, Moore und an Rekultivierungsflächen (s. folgenden Abschnitt) gedacht werden (s. Kap. 5.).

Landschafts-gestaltung in Braunkohlerevieren

Im Ballungsgebiet Leipzig-Halle-Bitterfeld, in der Niederlausitz und westlich von Köln sind im Zuge der Braunkohlenförderung in Tagebauen beträchtliche Flächen in Anspruch genommen und in ihrer natürlichen Struktur völlig umgewandelt worden. Die durch Abbau und Aufschüttung entstandenen Halden, Kippen und Hohlformen (Restlöcher) sind die Bestandteile der sog. **Bergbau-Folgelandschaften**. Im Bemühen um eine Wiederherstellung von Zuständen, die den ursprünglichen nahe kommen, sind sehr aufwendige Rekultivierungsmaßnahmen notwendig. Das Ausgangsmaterial ist eine Art Rohboden, der auch vegetationsfeindliches (tertiäres) und wasserabstoßendes Material enthält.

Unter Anwendung meliorativer Maßnahmen dauert es ca. 15 Jahre, ehe sich ein humoser Oberboden gebildet hat, was bodensystematisch einem Ranker entspricht. Rekultivierungsziel ist in der Regel die frühere Nutzung.

Problematisch ist die Neubildung von Grundwasserhorizonten in den ungeschichteten Kipp-Substraten; auch hierbei muß mit langen Zeiträumen bis zu einem endgültigen Zustand gerechnet werden. In den Restlöchern steigt der Grundwasserspiegel allmählich an, so daß es zur Seenbildung kommt. Diese Seen werden zur Gestaltung von Erholungsgebieten, zur Trink- und Brauchwasserversorgung genutzt.

Literaturempfehlungen:
Die umfassendste Beschreibung der Naturbedingungen in Deutschland findet man im „Handbuch der naturräumlichen Gliederung Deutschlands 1953 - 1962“ sowie - soweit es die westlichen Bundesländer betrifft - bei *Klink* 1990.

7. Die landschaftsökologischen Zonen der Erde

Die auch als „Landschaftsgürtel“, „Natürliche Zonen“, „Geographische Zonen“ u. a. bezeichneten großen Erdräume gehören zur obersten Ordnungsklasse in der Dimensionshierarchie von Landschaftsräumen (s. Kap. 3.2). Zur Charakteristik dieser Zonen können nur allgemeine, das Wesentliche der gesamten Zonen zum Ausdruck bringende Merkmale, also Typenmerkmale, herangezogen werden (s. Kap. 3.3). Untergeordnete landschaftsräumliche Differenzierungen werden dabei außer acht gelassen. Wichtigstes landschaftsökologisches Merkmal ist das **Klima** in seiner zonalen **Differenzierung**.

Der folgende Text stützt sich auf Publikationen verschiedener Autoren. Die stichwortartige Fassung soll einer Verdichtung des Informationsgehalts zugute kommen.

Polargebiete

Zu 3/4 Eiswüste

In den beiden, zusammen 22 Mill. km^2 großen Polargebieten sind Dreiviertel der Fläche ständig eisbedeckt (Eiswüsten von Grönland, polnahe Inseln und Antarktika). Mit Annäherung an die Pole Übergang vom Tag-Nacht-Wechsel zum Polartag-Polarnacht-Wechsel. Inlandeis führt wenig Schutt, bildet kein Schmelzwasser, nur Eisbewegung und Eisschurf. Eisdicke 3000–4000 m, in der Antarktis im Mittel 2000 m (EF-Klima nach *Köppen*, s. Abb. 14).

Subpolare Zone

Frostschutt und Tundra

Innerhalb dieser Zone Unterschiede zwischen
- **Frostschuttzone**: Mitteltemperatur des wärmsten Monats unter 6°C, weniger als 10% der Fläche pflanzenbedeckt, und
- **Tundrenzone**: Höhere Sommertemperaturen machen Pflanzendecke aus kleinwüchsigen Arten möglich.

Auf Südhalbkugel fehlt diese Zone weitgehend.

Klima: Jahresmitteltemperatur unter + 10° C, maximal 3 Monate wärmer als + 5° C, Zunahme der Temperaturaplitude pol- und kontinentwärts von weniger als 10°C auf über 50° C (Differenz zwischen höchstem und tiefstem Monatsmittel);

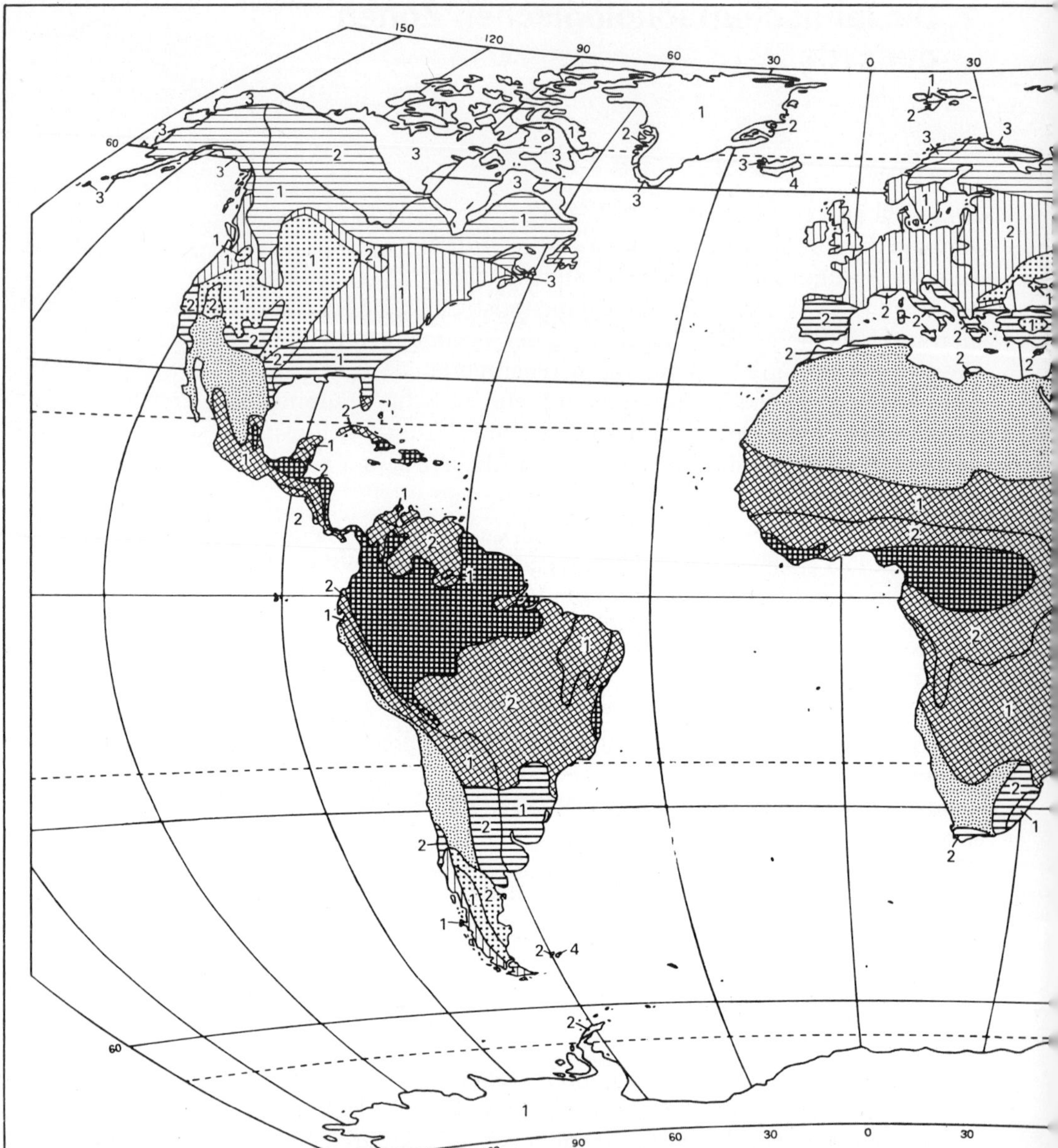

Polare Zonen

1 – Polare Kältewüsten

2 – Frostschuttwüsten

3 – Subarktische Tundra

4 – Subpolare hochozeanische Tundra

Kaltgemäßigte Nadelwaldzone

1 – Mit kontinentalem Klima

2 – Mit hochkontinentalem Klima

3 – Mit ozeanischem Klima

Kühlgemäßigte Laub- und Mischwaldzone

1 – Mit hochozeanischem bis subozeanischem Klima

2 – Mit subkontinentalem bis hochkontinentalem Klima

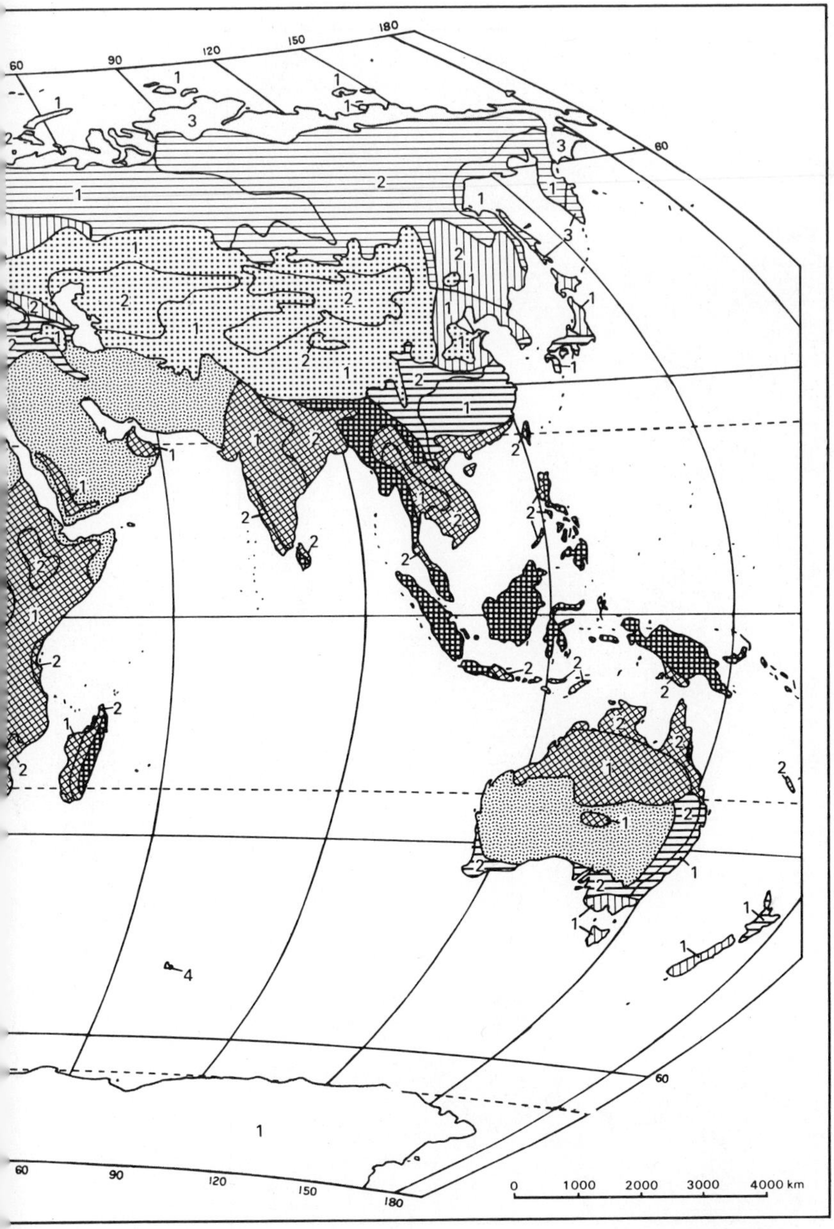

Abb. 14
Die geographischen Zonen des Festlandes (ohne Hochgebirge) (nach Bramer 1977).

Winterkalte Steppen, Wüsten und Halbwüsten
- 1 – Winterkalte Steppen
- 2 – Winterkalte Wüsten und Halbwüsten

Subtropen
- 1 – Immerfeucht
- 2 – Periodisch-feucht

Subtropisch-tropische Trockengebiete

Periodisch-feuchte Tropen
- 1 – Periodisch-feuchte Trockengebiete
- 2 – Periodische Feuchtgebiete

Immerfeuchte Tropen

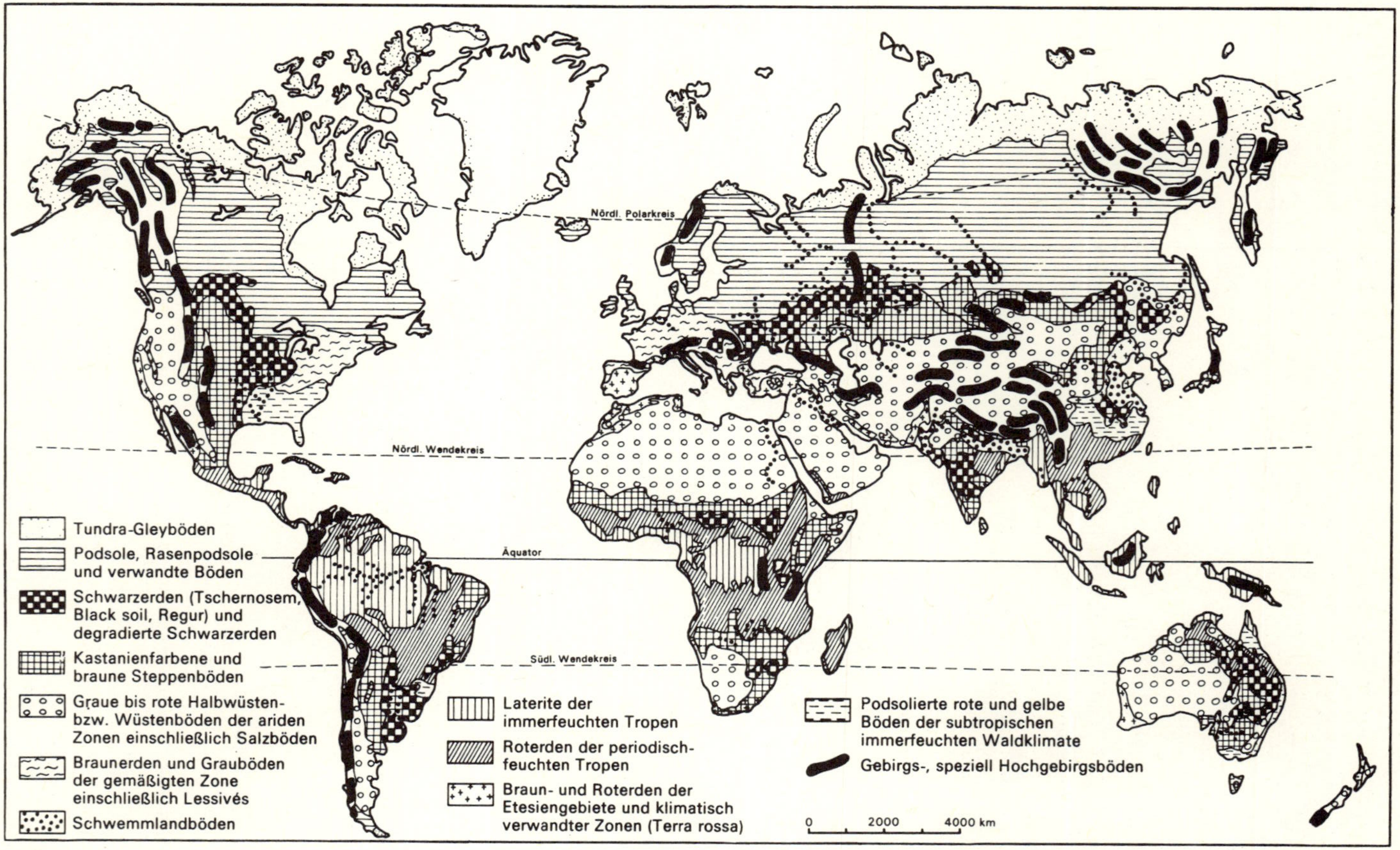

Abb. 15
Bodentypen der Erde (aus Grosjean 1970).

polwärts Übergang zum Polartag-Polarnacht-Wechsel; jährlicher Niederschlag temperaturbedingt wenig ergiebig, unter 200–300 mm, niedrige Verdunstung, deshalb ganzjährig humid; Schneedecke 20–30 cm, schützt Pflanzen und Boden vor tiefer Abkühlung, verzögert aber sommerliche Erwärmung durch hohe Reflexion und Bodennässe nach der Schneeschmelze.

Relief: Entscheidend ist die Dynamik des Permafrosts (Dauer-Bodenfrost) durch Kontraktion und Wasserfüllung in Spalten in jahrhundertelanger Wiederholung, Bildung von Eiskeil- und Frostspalten-Polygonen; durch von unten kapillar aufsteigendes Wasser in den von oben gefrierenden ungesättigten Boden sowie durch frostbedingten Druck bilden sich Auffrierhügel und -berge: bis 1 m Höhe „Erdbulten", bis 10 m Höhe „Palsen", 50 bis 100 m Höhe und einer Basis von 300 bis 1200 m „Pingos"; bei Degradation des Dauerfrostbodens Setzungsvorgänge (Ausbildung von „Thermokarst").

Permafrost – wesentliche Eigenschaft der subpolaren Landschaft

Frostbedingte Oberflächenformen

Böden: Permafrost verhindert Versickerung, deshalb Staunässe während der Auftauphase und niedrige Bodentemperaturen sowie geringe Sauerstoffversorgung, langsamer Humusabbau und langsame Mineralisierung; trotz geringer Pflanzensubstanz mächtige Lagen aus Rohhumus oder Torf im Tundra-Gley und Tundra-Moorgley; in hängiger Lage bei natürlicher Dränage Braunerden; in der Frostschuttzone Rohböden (s. Abb. 15).

Hydromorphe Böden vorherrschend

Vegetation: Artenarme Gesellschaften aus zwergwüchsigen Gehölzen, Gräsern, Moosen und Flechten.

Hydrologie: Trotz geringer Niederschläge und geringer Verdunstung hoher Abfluß, konzentriert auf Juni/Juli, wegen des undurchlässigen Permafrosts.

Hoher Abfluß

Ökologische Probleme: Hauptproblem ist die Zerstörung der Tundravegetation, weil dadurch thermischer Schutz für Dauerfrostboden gestört wird; dadurch Vertiefung der sommerlichen Auftauschicht, verbunden mit Geländesackungen; Haus- und Straßenbau auf Permafrost, Wasserversorgung, Isolation von Wasserleitungen, Abfallbeseitigung (EF- bis ET-Klima nach *Köppen*).

Problem: Bodenbewegung und für die Infrastruktur

Boreale Zone

Nur auf der Nordhalbkugel vorhanden, aber dort erdumspannend verbreitet, z. T. mit beachtlicher Nord-Süd-Ausdehnung, wie z. B. um 1500 km in Amerika und 2000 km in Eurasien, nimmt 13 % des Festlandes ein; total bzw. überwiegend gehören dazu Kanada, Alaska, Skandinavien, Nord-Rußland und Sibirien (s. Abb. 16).

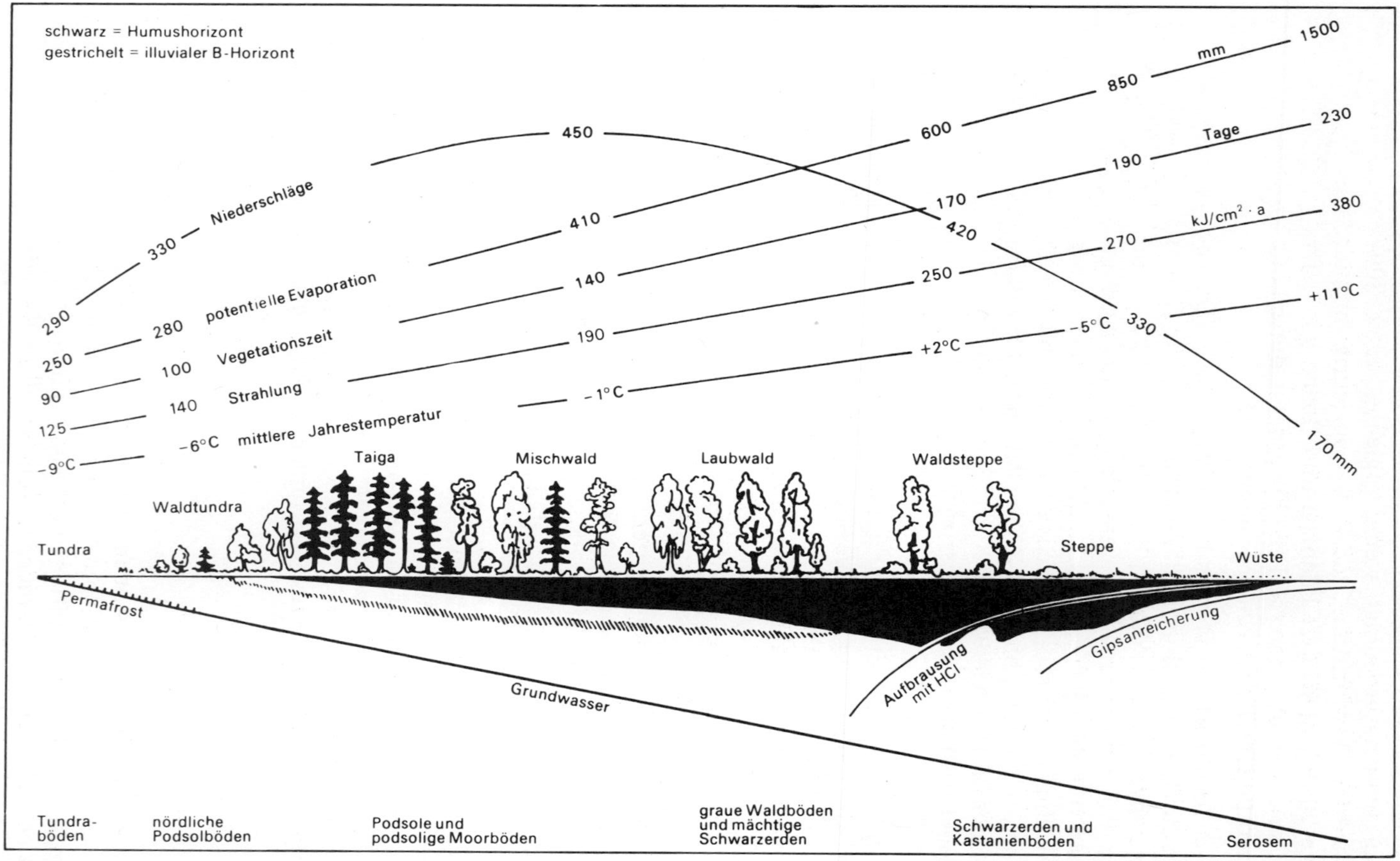

Abb. 16
Vegetationszonen, Böden und Klimawerte auf einem schematischen NW-SO-Profil durch die westliche Sowjetunion (aus Walter 1973).

Klima: Sommer-Mitteltemperatur um + 5° C 3–6 Monate lange, davon 1–3 Monate Mitteltemperaturen zwischen +10 und 18°C; Winter lang und kalt, Schneedecke 6 bis 7 Monate; Jahresniederschlag 250 bis 500 mm, mehr Regen als Schnee; Vegetationsperiode (bei + 5° C und mehr) 3 bis 6 Monate unter Langtag- und Dauertagbedingungen (Polartage).

Böden: Geringe bodenbiologische Aktivität, schwer zersetzbare Streu, Bildung von Rohhumus und Torf; vorherrschender Bodentyp Podsol; weite Teile Eurasiens mit Permafrost, andere Zonenbereiche mit sporadischem Permafrost, Frostboden- und Abschmelzhohlformen, letztere sind die oft kilometergroßen Senken der „Alasse" (s. Abb. 17).

Arme Böden, z. T. über Permafrost

Vegetation: Artenarme Nadelwälder und Torfmoore, zur Tundra hin zwischen Wald- und Baumgrenze die Waldtrundra; charakteristischer Schichtenbau:

Nadelgehölze ...

Baumschicht: Fichten, Kiefern, Tannen oder Lärchen (im kontinentalen Ost-Sibirien vorwiegend Lärchen)

... in der Baumschicht

Strauchschicht: Birken, Pappeln, Weiden oder Erlen

Bodenschicht: zwergwüchsige Pflanzen.

Infolge erschwerter Wachstumsbedingungen schlanke und niedrige Wuchsformen.

Nach Süden – bei höheren Mitteltemperaturen und einer mindestens viermonatigen Vegetationsperiode – Übergang in den sommergrünen Laubwald.

Hydrologie: Hohe Flußdichte und extrem hohe Abflüsse über gefrorenem Boden im April/Mai; häufige Laufverlegungen der Flüsse, breite Talauen, die bei Hochwasser zeitweilig in Talseen verwandelt werden.

Ökologische Probleme: Häufig auftretende Waldbrände, dadurch Sukzession zu sekundären Assoziationen und Veränderung der Auftautiefe im Boden (vgl. Tundra) sowie andererseits Aktivierung der Mineralisierung im Boden; bei ansteigendem Tourismus ist mit zunehmenden Veränderungen zu rechnen; möglicher ausgeweiteter und nicht kompensierbarer Holzeinschlag (90% des Holzbedarfs der Welt! (D-Klimate nach Köppen).

Häufige Waldbrände haben Sekundärvegetation zur Folge

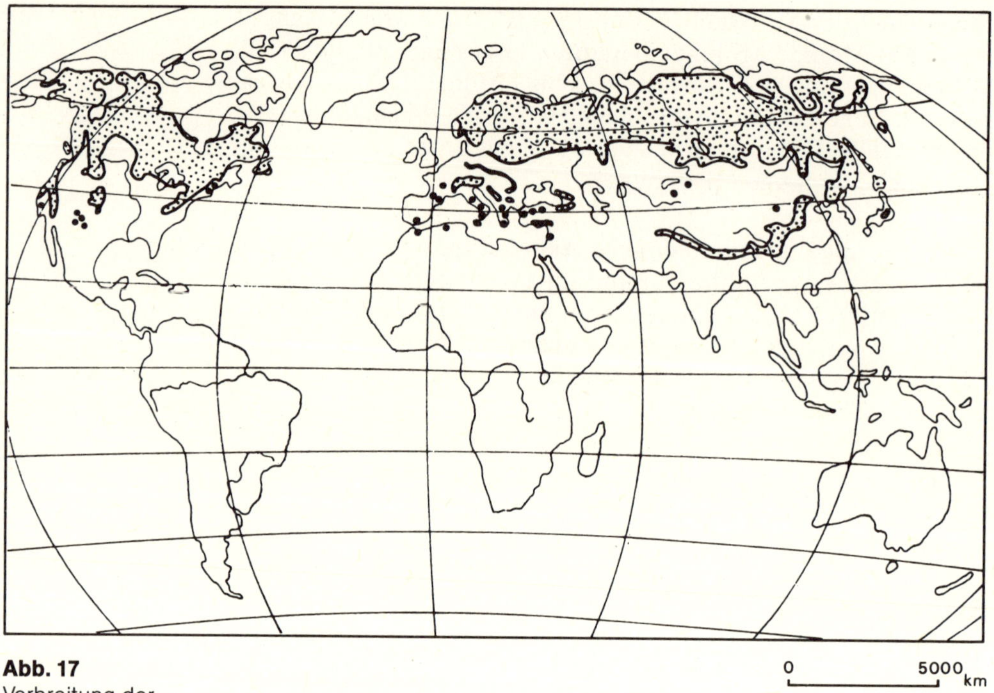

Abb. 17
Verbreitung der borealen Nadelwälder und der Bergtaiga.

Gemäßigte Zone

- **Maritimer Bereich** (Feuchte Mittelbreiten)

Thermische Jahreszeiten und wechselhafte Witterung

Klima: Ausgeprägt wechselhafte Witterung im Jahresverlauf infolge häufigen Luftmassenwechsels; thermisch bedingte Jahreszeiten im gemäßigtem Klima; Jahresniederschläge 500 bis 1000 mm, zum Teil als Schnee; Vegetationsperiode (Temperaturen + 5° C und darüber) 6 bis 12 Monate; Mitteltemperatur des kältesten Monats über + 2° C, des wärmsten unter + 15° C; auf den Ostseiten der Kontinente häufig Kaltlufteinbrüche im Sommer aus polaren Breiten, im Winter aus dem Inneren des Kontinents.

Ackerbau und Forste

Vegetation: Die ursprüngliche natürliche Waldvegetation ist weitestgehend bewirtschafteten Forsten gewichen, neben der vorherrschenden landwirtschaftlichen Nutzung (s. Abb. 18); natürliche und naturnahe Bestände in Talauen und auf trockenen Sandböden (Besonderheit sind die anthropogen bedingten Heiden).

Relief: Gemäßigte morphologische Aktivität, da kaum noch Frostverwitterung und auch wenig chemische Verwitterung; der glazial und periglazial während der Kaltzeiten entstandene Gesteinsschutt ist noch nicht „aufgearbeitet“.

0 5000 km

Abb. 18
Verbreitung des sommergrünen Laubwaldes.

Böden: Im Vergleich zu den nördlich benachbarten Zonen günstigere physikalische, chemische und biotische Voraussetzungen zu hoher Biomasseproduktion, durch gezielte Maßnahmen bedeutende Erhöhung des ursprünglichen Potentials, das hauptsächlich an pleistozäne Sedimente gebunden ist.

Hohe Produktivität in der Landwirtschaft

Hydrologie: Etwa 30% des Niederschlags gelangt im Mittel in den Abfluß, hohe Flußdichte, ständig fließende Flüsse; Jahresgang des Abflusses von Schneeschmelze im Frühjahr, jahreszeitlicher Verteilung der Niederschläge und von der relativ hohen Verdunstung im Sommer geprägt; herbstliche Auffüllung des Bodenwassers, winterliche Grundwasserzufuhr und sommerlicher Aufbrauch sind die typischen Phasen des Wasserhaushalts.

Ökologische Probleme: Dichtest besiedelter und intensivst genutzter Raum der Erde, dadurch tiefgreifende Naturveränderungen, Schadwirkungen durch unökologische Wirtschaftsweisen.

Dichte Besiedlung, strapazierte Landschaften

Verbreitung: zwischen 40 und 60° an den Westseiten der Kontinente, zwischen 35 und 50° auf den Ostseiten. (Cf-Klimate nach Köppen).

Kontinentaler Bereich

(Trockene Mittelbreiten)

- **Steppen**

Klima meist winterkalt und sommerheiß; Jahresniederschläge bis 600 mm, zum geringen Teil als Schnee, mehrere Monate im Sommer überwiegt die potentielle Verdunstung den Niederschlag; Vegetationsperiode 2 bis $5^1/_2$ Monate mit 100 bis 200 mm Niederschlag, häufig unzuverlässig und von geringem Nutzen für den Pflanzenwuchs.

Vegetation: Grasfluren aus mehrjährigen Gräsern und Kräutern mit xeromorphen Merkmalen, Wurzelmasse ist stärker als Sproßmasse; mit zunehmender Trockenheit Übergang von Waldsteppe in Wiesensteppe, Trockensteppe und letztlich Wüstensteppe (Abb. 19).

Humusreiche Böden und Salzböden

Böden: Die im Herbst absterbende oberirdische Pflanzenmasse wird innerhalb eines Jahres zersetzt; Böden mit A-C-Profil: Tschernosem und Kastanosem mit mächtigem humosen Oberboden und hoher Basensättigung; bei zeitweiliger Staunässe Bildung von Salzböden, Solontschak und Solonez.

Ökologische Probleme: In den Wiesensteppen großflächig Pflanzenbau, in den Trockensteppen extensive Weidewirtschaft; Gefahr der Überweidung; hohe Disposition für Bodenerosion, die zur Entstehung von häufig langen und verzweigten Trockentälern (Owragi und Balki) führt. (BS-Klima zum Teil nach Köppen).

- **Halbwüsten und Wüsten**:

Klima: Hohe Ein- und Ausstrahlung, starke Erwärmung trotz großer Albedo; im Jahresgang mindestens ein Monat mit einer Mitteltemperatur von weniger als + 5° C, große tägliche Temperaturamplitude; Vegetationsperiode kürzer als 2 Monate und weniger als 100 bis 200 mm Jahresniederschlag.

Vegetation: Überwiegend holzige Sträucher im lückigem Bestand, stellenweise vegetationsfrei, alle Pflanzen mit xeromorphen Merkmalen, Deckungsgrad niedriger als 50 %, in den Halbwüsten diffuse Verbreitung, in den Wüsten nestartig konzentriert.

Schwach entwickelte Böden, stellenweise ohne Boden

Böden: Wegen Wassermangel schwache Bodenentwicklung, in Becken zum Teil Salzböden, auf Dünen und frischem Gesteinsschutt keine Bodenbildung.

Gesteinsverwitterung durch Temperaturgegensätze, Salzsprengung und auch durch Frost, Bildung von Blocklagen („Wollsackverwitterung“); in pfannenartigen Hohlformen mit zeitweiliger Wasserfüllung Ablagerung von Beckentonen.

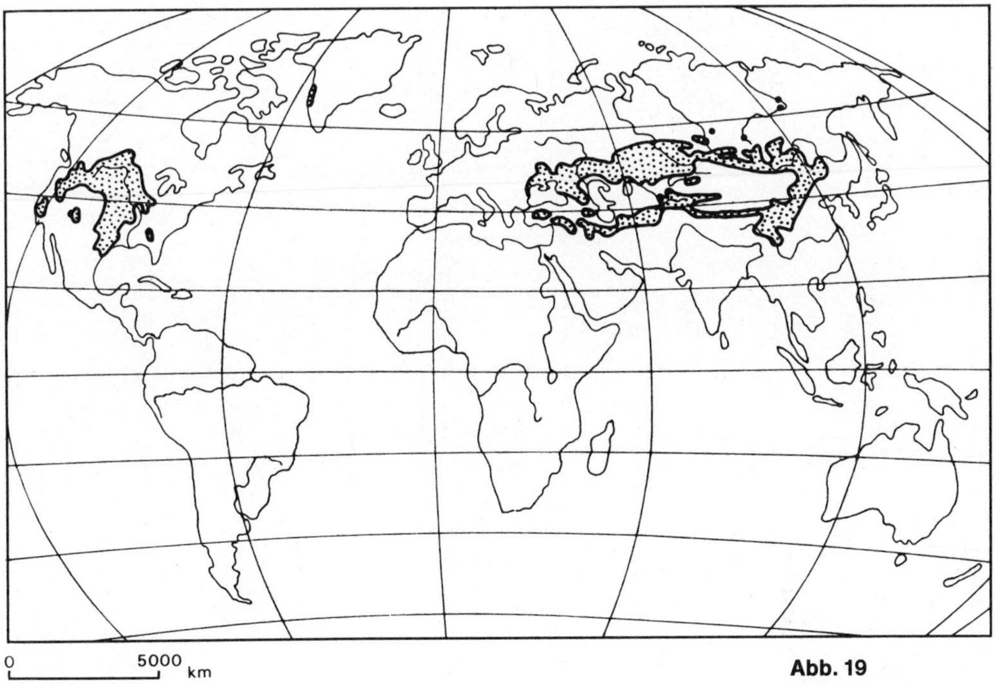

Abb. 19
Verbreitung der Steppen.

Hydrologie: Fremdlingsflüsse, sonst nur episodischer Abfluß nach Starkregen.

Ökologische Probleme: Geringe anthropogene Beeinflussung wegen dünner Besiedlung, Ausnahmen sind Grundwasser- und Flußoasen; nomadische Viehhaltung (BW-Klima, zusammengefaßt mit Passatwüsten, nach Köppen).

Subtropische Zone

- **Winterfeuchte Subtropen** (Mediterrane Subtropen)

Isolierte Verbreitung zwischen 30 und 40° geographischer Breite an den Westseiten der Kontinente.

Klima: Warme, trockene Sommer mit Mitteltemperaturen über + 18° C mindestens 4 Monate lang, feuchte Winter, aber kein Monat kälter als + 5° C; Winterregen und Sommertrockenheit.

Winterregengebiet

Vegetation: Ursprünglich immergrüne Hartlaubwälder mit großem Artenreichtum (s. Abb. 20), anthropogen weithin umgewandelt in Hartlaub-Strauchformationen (Macchie).

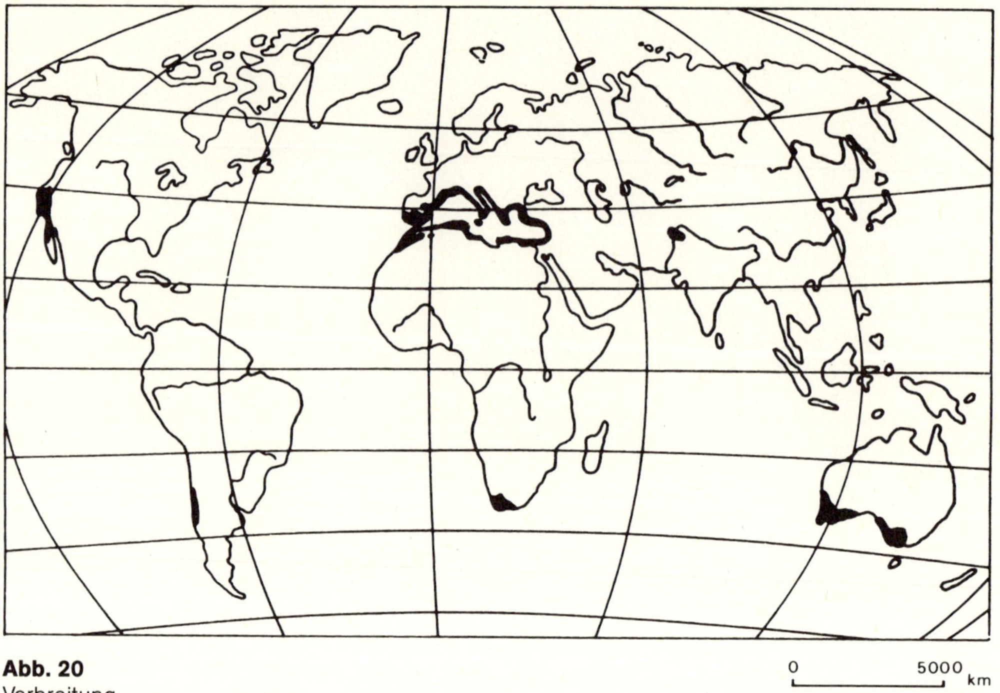

Abb. 20
Verbreitung
des Hartlaubwaldes.

Klimatisch bedingte flachgründige Böden

Böden: Infolge sommerlicher Trockenheit erschwerte Zersetzung der abgestorbenen organischen Substanz; Böden sind deshalb flachgründig und entweder als Rendzinen (auf Kalkgestein) oder Ranker in den Bergländern ausgebildet, sonst als Terra rossa und Terra fusca; in allen Böden herrscht Stickstoff- und Phosphormangel.

Hydrologie: Maximaler Abfluß während des Winterregens, Minimum im Sommer, teilweise trocknen die Flußbetten aus.

Ökologische Probleme: Durch Überweidung Förderung von Bodenerosion und Verkarstung. (CS-Klima nach Köppen).

Immerfeuchte Subtropen:

An der Ostseite der Kontinente zwischen 25 und 35° geographischer Breite.

Ohne Trockenzeit

Klima: Ganzjährig Niederschlag mit Sommermaximum; mindestens 4 Monate mit Temperaturen über + 18°C im Mittel, kältester Monat nicht unter + 5° C; Vegetationszeit ist ganzjährig, ausgesprochen trockene Zeitabschnitte fehlen; Klima wird bestimmt durch die Passate bzw. Monsune, winterliche Niederschläge im

Zusammenhang mit Kaltlufteinbrüchen gelegentlich als Schnee; Durchzug verheerend wirkender Wirbelstürme, Taifune und Hurrikane; sehr hohe, den Tropen vergleichbare Einstrahlung (s. Kap. 10).

Wirbelstürme

Die ursprüngliche **Vegetation** ist regional differenziert:
- in Küstennähe und in Luvlagen Regenwälder
- mit abnehmenden Niederschlägen landeinwärts teilweise immergrüne Feuchtwälder
- noch weiter landeinwärts laubabwerfende Wälder;

Einiges weist auf Ähnlichkeit mit den immerfeuchten Tropen hin

ursprüngliche Pflanzendecke anthropogen sehr stark verändert.

Böden: Bodenfruchtbarkeit ist gering; Erosionsanfälligkeit; erfolgreiche Aufbesserung der Bodenqualität durch Düngung; die zum größten Teil in der Pflanzensubstanz gebundenen Mineralstoffe kommen dem Boden kaum zugute.

Gestein: Vorherrschend tiefgreifende chemische Verwitterung, aber ohne nennenswerten Einfluß auf den Mineralgehalt im Boden.

Hydrologie: Abflußmaximum während des Winters.

Ökologische Probleme: Mögliche Überweidung und extensive Ausdehnung der Weidegebiete in den Bergländern mit Folgen für Bodenerosion; Intensivierung des Anbaus durch Einsatz großer Mengen von Agrochemikalien. (Nach Köppen überwiegend Aw-, aber auch Cf- und Cw-Klimate).

Trockene Subtropen

Die Lage in der Passatzone ist die Ursache für die entstandenen Wüsten und Halbwüsten, außerdem in Richtung auf den Äquator reichende Küstenwüsten (s. Abb. 21).

Passatwüsten

Klima: Sehr hohe Einstrahlung erzeugt tagsüber sehr hohe Temperaturen, starke Ausstrahlung und Abkühlung in der Nacht; die Temperaturamplitude ist deshalb groß; jährliche Niederschlagsmenge im allgemeinen unter 200 mm, geringe Luftfeuchte und Bewölkung; die potentielle Verdunstung ist stets höher als der Niederschlag; im Unterschied zu den ariden Gebieten der Gemäßigten Zone gibt es keinen kalten Winter.

Tageszeitenklima

Böden: Im eigentlichen Sinne gibt es keine Böden, weil es an Feuchte für eine chemische Verwitterung des Gesteins fehlt, nur intensive mechanische Verwitterung (s. Kap. 10); häufig äolische Umlagerung von Lockermaterial (Sandstürme und Tromben).

Keine Böden

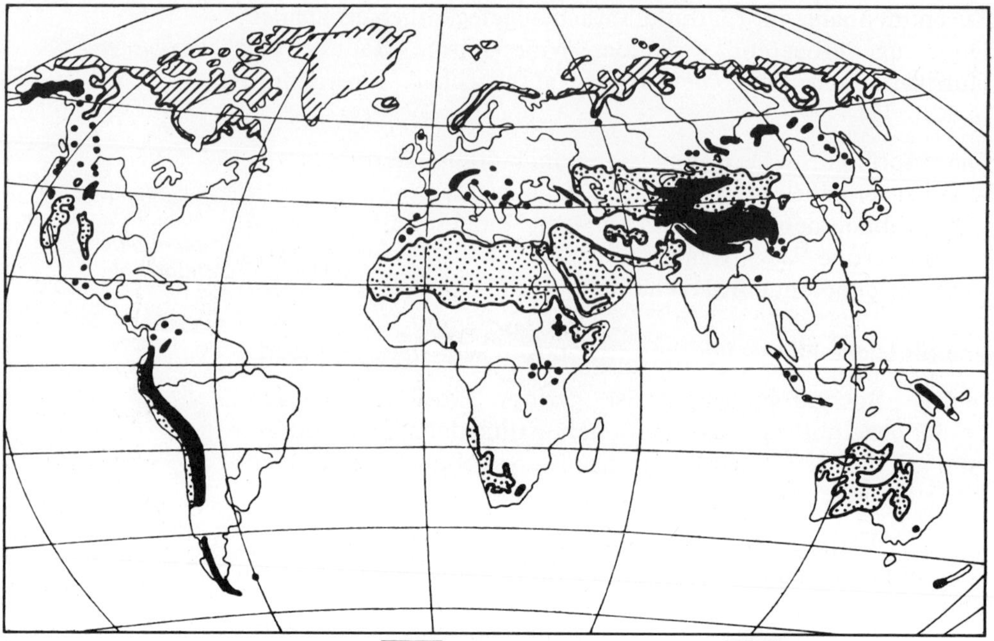

Abb. 21
Verbreitung von Wüsten, Halbwüsten, Tundren und Hochgebirgsvegetation.

Lage jenseits der agronomischen Trockengrenze, deshalb Anbau nur in Oasen.

Hydrologie: Fremdlingsflüsse, episodische Flüsse (Wadi), höher anstehendes Grundwasser in Oasen.

Gefahr der Wüstenausweitung

Ökologische Probleme: Bei anhaltender Tendenz seßhaft zu werden, nehmen Siedlungsdichte, Beweidung und Abholzung zu, was die Desertifikation begünstigt. (BW-Klima nach Köppen).

Tropische Zone

- **Wechselfeuchte Tropen** (Sommerfeuchte Tropen)

Zwischen den subtropischen Trockengebieten und den immerfeuchten Tropen liegt die Zone der Savannen.

Klima: Alle Monate haben Mitteltemperaturen von + 18° C und mehr, nur wenig kühler ist der Winter gegenüber dem Sommer; Niederschläge fallen während der vier- bis neunmonatigen Regenzeit:

Drei Savannentypen

- 7 – 9 Monate Regenzeit mit 1000–1500 mm = Feuchtsavanne
- 4 – 7 Monate Regenzeit mit 500–1000 mm = Trockensavanne
- 2 – 4 Monate Regenzeit unter 500 mm = Dorn-Savanne;

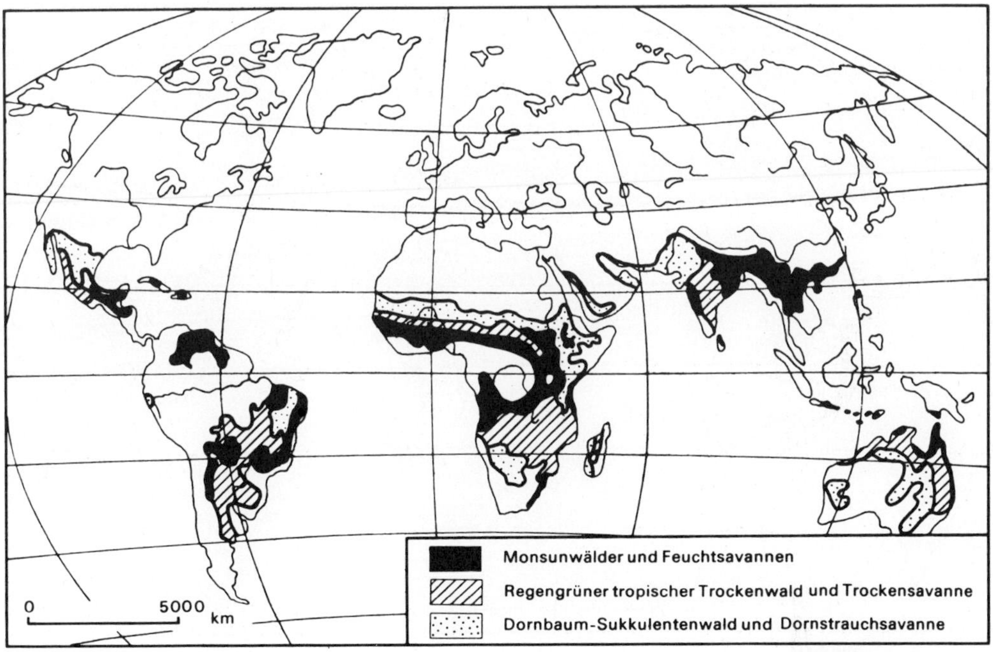

Abb. 22
Verbreitung der regengrünen Wälder und Savannen.

Wechsel von Regen- und Trockenzeit entscheidendes ökologisches Kriterium

Vegetationsperiode entspricht im wesentlichen der Regenzeit, nur in der Feuchtsavanne reicht die höhere Regenmenge für ein bis zwei Monate länger; besonders während der Trockenzeit deutliche Temperaturunterschiede zwischen Tag und Nacht; temperaturbedingtes „Tageszeiten-Klima" und hygrisch bedingtes „Jahreszeiten-Klima".

Vegetation: Eine flächendeckende Grasvegetation in allen Savannentypen, Unterschiede bestehen im Baum- und Strauchbestand (von der Feucht- bis zur Dornsavanne):
- Abnahme der Höhe und Dichte des Baumbestands,
- Abnahme der Grashöhe,
- Veränderung in der Artenzusammensetzung: Zunahme von Dornengewächsen und von Sukkulenten (s. Abb. 22).

Böden: Tiefgründige Verwitterung des Gesteins, dadurch ist Zersatzschicht sehr mächtig, die allerdings während der Regenzeit einer intensiven Flächenspülung unterliegt; Streuzersetzung innerhalb eines Jahres, dennoch Humusgehalt im Mineralboden gering; Bodentypen: Rotlehme, Roterden und Laterite.

Hydrologie: periodischer Abfluß im Zusammenhang mit dem Wechsel von Regen- und Trockenzeit.

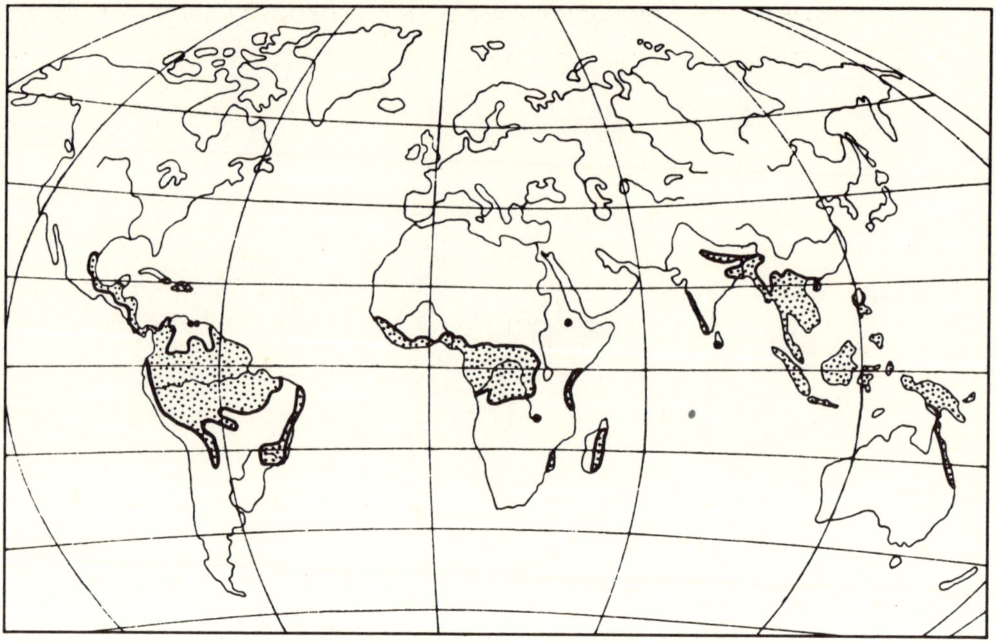

Abb. 23
Verbreitung des immergrünen tropischen Regenwaldes.

Wirtschaften ohne ökologische Rücksichten

Ökologische Probleme: Überweidung, nicht standortgerechter Ackerbau und starke Holznutzung verstärken die Gefahr der Desertifikation (Sahel-Problem).
(Aw-Klima nach Köppen).

- **Immerfeuchte Tropen**

Jahreszeitenfreies Klima

Klima: Gleichförmiges Klima ohne jahreszeitliche Differenzierung; mittlere Jahrestemperatur 25-27°C und geringe tägliche Temperaturamplitude von nur 6-11°C; Niederschläge über das ganze Jahr verteilt nahezu, nur maximal $2\frac{1}{2}$ Monate ohne Regen; häufig ergiebige, mit Gewittern verbundene Tagesniederschläge bis zu 100 mm; Jahressumme des Niederschlags 2000 - 3000 mm; Vegetationsperiode ganzjährig (s. Abb. 23).

Perennierende Vegetationszeit

Vegetation: Sehr artenreicher immergrüner Regenwald mit Stockwerkgliederung und 30-40 m Höhe erreichend; mehr als $\frac{3}{4}$ der Pflanzenmasse ist oberirdisch; infolge des Fehlens thermischer Jahreszeiten und des ständigen Vorhandenseins von hoher Feuchte haben die Pflanzen keine zeitlich gebundenen Entwicklungsphasen: Pflanzen blühen, wenn zur gleichen Zeit andere Früchte in verschiedenen Reifestadien tragen.

Höhenstufe	Höhe (in m)	Vegetation	Klima	Böden	
Tierra caliente (Heiße Zone)	bis 1 000	immerfeuchter tropischer Regenwald	22–28 °C/a	Latosole	warm-feuchte Tropen
Tierra templada (Gemäßigte Zone)	bis 1 800	immerfeuchter, artenreicher tropischer Bergwald	16–18 °C/a	steinreiche braunerdeähnliche Böden, Ranker, auch Podsole	
Tierra fría (Kalte Zone)	bis 3 200	tropischer Nebelwald (niedrige Bäume, Sträucher, Epiphyten, Halbepiphyten	Niederschlag >1 000 mm/a	andosolartige Böden, Skelettböden	
		Nadelhölzer und Flechten	trockener	podsolartige Böden	
	3 000–3 400	*Waldgrenze*			
	bis 3 600	tropische halbtrockene Sierra-Busch-Vegetation(Trockene Puna) in den Hochbecken mit Agaven und Opuntien		trockene Sierraböden	
	bis 4 000	Graspáramos, hartes, bis 2 m hohes Gras mit Staudengewächsen	6–10 °C/a	„Humusböden" (Andenhumus)	kalt-feuchte Tropen
Tierra helada (Frostzone)	bis 4 800	Páramos mit hochandiner Flora (Polster- und Rosettenpflanzen) Schopfbäume (Espeletia)	0–1 °C/a	Gesteinsschutt mit Rohböden	
	bis 5 200	Hochwüsten (Arenales) Flechten			
	5 200–5 400	*Schneegrenze*			
Tierra nevada (Schneezone)	bis >6 000	Gletscher			

Abb. 24
Höhenstufen eines außertropischen Hochgebirges (Beispiel Ötztaler Alpen).

Nährstoffarme, unfruchtbare Böden

Böden: Gleichmäßig hohe Temperaturen und ständige Feuchtigkeit fördern intensive chemische Verwitterung, ständiger Wasserüberschuß führt zur Auswaschung von Bodenbestandteilen; tropische Böden sind alt, wahrscheinlich seit dem Tertiär ungestört entwickelt; durch die Auswaschung von Basen und Kieselsäure und die Ausbildung von absorptionsschwächeren Zweischichttonmineralen (im Gegensatz zu Dreischichtbildungen) sind die Böden sehr nährstoffarm (Mangel an Kalk, Stickstoff- und Phosphorverbindungen) und daher sauer in ihrer Reaktion; unter mächtigen Auswachungshorizonten haben sich Anreicherungshorizonte (Lateritisierung) gebildet; der Regenwald „lebt von sich selbst", da

Höhenstufe	Höhe (in m)	Vegetation	Böden
Colline Stufe	600–800	Eiche, Hainbuche, Kastanie	Braunerden, Rendzinen
Submontane Stufe	bis 1200	Eiche, Buche, Ahorn, Eberesche	Parabraunerde, Rendzinen, Lessivés
Montane Stufe	bis 1800	Fichte, Tanne, Birke, Espe	Lessivés, saure Rendzinen, Podsole
Hochmontane Stufe	bis 2200	Fichte, Lärche	Podsole, Kalk- und Silikat-Rohböden
Subalpine Stufe	*bei 2200* bis 2500	*Waldgrenze* Latschen und Krummholz: Lärche, Zirbelkiefer, Grünerle	Podsole und Rohböden
Untere alpine Stufe	*bei 2500* bis 2900	*Baumgrenze* Zwergstrauchheiden: Rhododendron, Wacholder, Preiselbeere, Moosbeere	„Alpenhumus“
Obere alpine Stufe		Grasheiden	„Rasenbraunerden“
Subnivale Stufe	bis 3150	Pionierrasen	Gesteinsschutt
Nivale Stufe	*bei 3200*	*klimatische Schneegrenze*	

Abb. 25
Höhenstufen eines tropischen Hochgebirges (Beispiel Anden von Ecuador).

Üppigkeit im Pflanzenwuchs durch „Eigenversorgung“

hoher Streuanfall sehr rasch mit Hilfe von Wurzelpilzen zersetzt und dem Stoffkreislauf in der Pflanzendecke unmittelbar zugeführt wird; nur jungvulkanische Böden und Alluvionen der „Weißwasserflüsse“ sind fruchtbar.

Hydrologie: Etwa die Hälfte des anfallenden Regenwassers fließt in den dichten Flußnetzen ab.

Ökologische Probleme: Große Gefahren für den Regenwald mit überregionaler bis globaler Auswirkung durch uneingeschränkten Holzeinschlag, Brandrodungs- und Wanderfeldbau (s. Kap. 8.1.3.c). (Af- bis Am-Klima nach Köppen).

- **Höhenstufen**

Innerhalb einer landschaftsökologischen Zone gibt es durch die

Unterschiede in den Höhenlagen vertikale Abwandlungen des zonalen Grundtyps. Daraus resultieren Ähnlichkeiten zwischen Höhenstufen eines zonalen Typs mit einem anderen zonalen Typ. So ist z. B. die Frostschuttstufe in den Alpen der Gemäßigten Zone der Frostschuttzone in der subpolaren Zone ähnlich (s. Abb. 24 + 25). Ihre landschaftsökologischen Bedingungen sind unterschiedlich, so z. B. vierjahreszeitlicher Rhythmus des Klimas bei insgesamt höherer Einstrahlung über das ganze Jahr in den Alpen, Polartag-Polarnacht-Wechsel in der subpolaren Zone bei insgesamt niedriger Einstrahlung.

In manchen Klimaklassifikationen, so z. B. besonders von *Köppen* (1931), der von den Wirkungen des Klimas ausgeht, das konsequent durchhält und daher von seinem Prinzip her überhaupt nichts Falsches aussagt, werden landschaftsökologisch wirksame Unterschiede zwischen (physiognomisch) ähnlichen Höhenstufen einer bestimmten Zone mit anderen Zonen nicht berücksichtigt. So ist u. a. Tibet wie Grönland, so sind die Alpen wie Kanada, Rußland und Westsibirien in die gleiche Klasse eingestuft.

Literaturempfehlungen:
Für die Erweiterung der Kenntnisse über die zonale Differenzierung der natürlichen Ausstattung der Erde werden *Walter* 1980, *Tischler* 1984, *Bramer* 1985, *Jäger* 1985, besonders wegen der landschaftsökologischen Betrachtungsweise *Schultz* 1988 empfohlen.

8. Funktion, Nutzung und Belastung landschaftlicher Ökosysteme

Die durch die erheblich verstärkte Nutzung und Inanspruchnahme natürlicher Ressourcen entstandenen und noch entstehenden Probleme der Umweltbelastung setzen zu ihrer Lösung Kenntnisse über Struktur und Dynamik von landschaftlichen Ökosystemen voraus. Das gilt im besonderen Maße für intensiv genutzte Landschaften bzw. landschaftliche Ökosysteme, deren Selbstregulation teilweise oder weitgehend durch anthropogene Fremdregulation übernommen worden ist (s. Kap. 5).

8.1 Wald-Ökosysteme

8.1.1 Interne Ökologie von Wäldern

Wälder schaffen ein eigenes Existenzmilieu

In einem Wald-Ökosystem ist der Baumbestand so dicht, daß auch zwischen den einzelnen Bäumen Wechselbeziehungen zustandekommen, die das Wachstum der Baumindividuen merklich beeinflussen, ein **Bestandsklima** und einen der Bestockung entsprechenden **Bodenzustand** erzeugen. Unter diesen Bedingungen entstehen **Lebensräume** (Nischen) für eine bestimmte Art von Pflanzen und Tieren, die für die Struktur, Dynamik und Funktion eines Wald-Ökosystems - und darüber hinaus - bedeutungsvoll sind.

Wald-Ökosysteme – Bestandsdichte- und -fläche

Ein Wald-Ökosystem ist dann existent, wenn es über eine besonders hohe Dichte des Baumbestands und eine große Bestandsfläche verfügt (Bestandsdichte und -größe). Mit der **Bestandsdichte** wird der Grad der räumlichen Ausfüllung eines Wald-Ökosystems mit lebender Biomasse bzw. Holzmasse angegeben. Sie ist nicht nur ein Maß für die Ausfüllung, sondern auch ein Faktor für Höhen- und Dickenwachstum der Bäume: In bestandsdichten Wäldern wird sowohl durch Lichtmangel als auch durch Konkurrenz das Höhenwachstum gegenüber dem Dickenwachstum gefördert.

Auf einer baumbestandenen Fläche, die zu weniger als der Hälfte von Baumkronen überschirmt wird, gehen die Wechselbeziehungen zwischen den Bäumen zurück oder verlieren sich ganz. Damit erklärt sich der Unterschied zwischen Wald- und Gehölz-Ökosy-

stemen. International werden Überschirmungsgrade (hier in Zehnteln der Bestandsfläche) zur Differenzierung von Waldarten benutzt:
- über 0,6 dichter (geschlossener) Wald
- 0,3 - 0,6 lichter (offener) Wald
- unter 0,3 Wald-Trundra, Wald-Steppe, Baum-Savanne.

Waldklima

Das unterschiedlich dichte Kronendach bildet eine ungleichmäßige, rauh wirkende Oberfläche, die die Albedo (Strahlenreflexion) gegenüber dem Freiland verringert. Die vergleichsweise dunkleren Wälder haben eine verstärkte Strahlenabsorption, besonders der kurzwelligen Strahlen, und einen höheren Umsatz von Strahlungsenergie in Wärmeenergie. Deshalb verdunstet der Wald mehr als das Freiland; auch die Wärmeabgabe ist etwas erhöht. Daraus resultiert eine bedeutende Umwandlung wichtiger meteorologischer Faktoren, wie Strahlung, Temperatur und Niederschlag. Der Wald erhält dadurch ein eigenes **internes Klima**, das sich von seiner waldfreien Umgebung durch verringerten Lichteinfall, gebremste Luftbewegung, thermische Ausgeglichenheit und höhere Luftfeuchtigkeit abhebt. Bereits im Kronenraum bleibt ein beachtlicher Teil des Niederschlagswassers „hängen", der unproduktiv verdunstet wird (Interzeption).

Waldboden

Die verbundene Mitwirkung von Waldklima und anfallendem Detritus der im Wald lebenden Organismen schafft ganz bestimmte Wald-Bodentypen, z. B. in Mitteleuropa (meist saure) Braunerden und Podsole sowie Übergänge zwischen beiden. Sie unterscheiden sich in manchen Eigenschaften von vergleichbaren Böden (gleiches bodenbildendes Substrat) unter Ackernutzung. Um nur ein Beispiel anzuführen: Die Tätigkeit der ökologisch so wichtigen Regenwürmer ist in Waldböden auf die obersten Bodenhorizonte, aber mit großer Intensität beschränkt; in Ackerböden reicht ihre Wirksamkeit weit tiefer, aber mit geringerer Intensität.

Intakter Laub-Mischwald in M-Europa

Der **Laub-Mischwald** ist die ursprüngliche Bestockungsart in Mitteleuropa, ehe der wirtschaftende Mensch ihn durch maßlos übertriebene Nutzung an den Rand der Vernichtung gebracht hat. Es ist interessant zu erfahren, wie vielfältig seine Struktur war, ausgedrückt in seinem vertikalen Aufbau:

Obere Baumschicht:
Eiche, Buche und vereinzelt Hainbuche

mittlere Baumschicht:
Tannen, Fichten und Ebereschen

untere Baumschicht:
Jungbäume von der Art wie darüber, die wegen Lichtmangel noch keine ausreichenden Entwicklungsmöglichkeiten haben

Strauchschicht:
Holunder, Eberesche und Schlehen
Zwergsträucher
Krautschicht.

Der Laub-Mischwald muß als das intakte Wald-Ökosystem des humiden Bereichs der Gemäßigten Zone aufgefaßt werden (s. Kap. 6). Seine Verbreitung ist seit der Forstwirtschaft Mitte des vergangenen Jahrhunderts nur noch auf niedere Mittelgebirge und Auewälder ausgedehnt. In einem solchen Wald-Ökosystem spielen die jahreszeitlichen Wechsel in den Lichtverhältnissen eine bedeutende Rolle: Im Frühling, wenn die Bäume noch nicht wieder belaubt sind, erfahren die Pflanzen der Krautschicht die Gunst der Einstrahlung, im Hochsommer kommt diese Gunst der dann nahezu geschlossenen Baumschicht zugute, die in dieser Zeit ihre höchste Produktivität erfährt.

Stoffkreislauf im Wald

Ein so strukturiertes und funktionierendes Wald-Ökosystem reguliert seinen Stoff- und Energiefluß als Kreislauf selbst: Das Sonnenlicht ermöglicht die Assimilation, aus dem Boden werden die benötigten Mineralstoffe entnommen und die abgestorbene Biomasse wird durch Zersetzung, Verzehr der Konsumenten, Humusbildung und Mineralisierung in den Kreislauf eingebracht. Mit diesen sehr kompliziert und komplex ablaufenden Prozessen wird kontinuierlich Substanz zur Erzeugung von Biomasse und damit zur Erhaltung des Wald-Ökosystems bereitgestellt.

8.1.2 Landschaftsökologische Wirkungen des Waldes

Die ökologischen Wirkungen des Waldes auf die umgebende Landschaft ergeben sich sowohl aus seiner räumlichen Erscheinung als auch aus seiner internen Ökologie. Der Wald bremst den Wind, wodurch benachbarte Flächen gegen zu hohe Verdunstung und Winderosion geschützt werden; große Waldareale sind Filter für Flugstaub, der durch Bremswirkung zum Ablagern gezwungen wird.

Wald und Wasserhaushalt

Waldgebiete haben einen großen **Eigenverbrauch** an Wasser, vor allem in der Vegetationsperiode, was sich aus Transpiration und Interzeption erklärt. Das hat geringere Abflußspenden und größere Grundwassertiefen zur Folge, was für die umgebende Landschaft mit ausgleichenden Wirkungen auf Wasserführung und

Wasserhaushalt verbunden ist. Bestandsdichte und Baumartenzusammensetzung spielen dabei eine bedeutende Rolle. Soweit es die Baumarten betrifft, sind die Interzeptionsverluste z.T. erheblich unterschiedlich. Generell gilt, daß die Interzeption bei Laubbäumen geringer als bei Nadelbäumen ist.

Mit dem Wachstum der Waldbäume erhöht sich deren Wasserverbrauch und erreicht mit der Zuwachskulmination ein Maximum. Nach Überschreiten dieses Zeitpunkts sinkt der Wasserverbrauch wieder allmählich ab.

Ausgleichende Wirkung des Waldes

Die ausgleichende Wirkung des Baumbestandes auf Wasserhaushalt und Wasserführung wird ergänzt durch die allgemein hohe Infiltrations- und Speicherkapazität des Waldbodens. Dadurch wird der oberirdische Abfluß vermindert, die Zeitspanne des Maximalabflusses wird ausgedehnt, was die Hochwassergefahr mindert. Letzteres gilt auch im Hinblick auf das Frühjahrshochwasser, weil die Schneeschmelze im Wald als Folge geringerer Einstrahlung und relativer Windruhe langsamer als im Freiland abläuft. In extremen Trockenperioden sind auch vom Wald Wassernachlieferungen wegen des hohen Eigenverbrauchs nicht zu erwarten.

Der durch den Wald gemilderte Oberflächenabfluß ist zugleich ein wirkungsvoller Schutz gegen Erosion und Rutschungen an geneigten Flächen, der sich auch auf die angrenzenden Freiflächen erstreckt.

8.1.3 Veränderungen von natürlichen Wald-Ökosystemen und deren landschaftsökologische Folgen

Die Bedürfnisse des einzelnen Menschen und der ganzen menschlichen Gesellschaft sind nur zu einem geringen Teil durch die Produktivität von Wäldern zu befriedigen. Deshalb muß der Waldanteil einer Landschaft zwangsläufig durch anthropogene Maßnahmen und Eingriffe verändert werden. In humiden Landschaften, die naturgemäß einen hohen Waldanteil besitzen, ist die Waldrodung unter Berücksichtigung der Standortbedingungen und der Wahrung ökologisch bestimmter Grenzen eine landeskulturell notwendige und vertretbare Maßnahme. Bleibt ein bestimmter Toleranzbereich unberücksichtigt und wird die Rodung auf ökologisch labile Bereiche ausgedehnt, dann stellen sich schädliche landschaftsökologische Folgewirkungen ein, so z.B. Veränderungen im Abflußverhalten durch nachlassende Retention, Erhöhung der Disposition für die Bodenerosion, Erhöhung der Gefahr für die Entstehung von Muren und Lawinen. Diese Folgewirkungen sind zugleich Fernwirkungen auf Nachbarlandschaften.

Nachteilig sind Waldrodungen in ariden Gebieten, wo sich Waldflächen nur auf feuchten Standorten halten.

a) **Fichtenforste**

Der Holzbedarf im vergangenen Jahrhundert hat in weiten Teilen der Gemäßigten Zone innerhalb Europas zum Raubbau an den Wäldern geführt, um das Defizit im Holzaufkommen zu beheben, hat man die Aufforstung mit rasch wüchsigen Baumarten im großen Umfang betrieben. So ist aus den natürlichen Wald-Ökosystemen mit einem Bestand aus verschiedenen Baumarten in weiter Verbreitung das **Ökosystem der Fichtenmonokultur** entstanden. Abgesehen von den höheren Zuwachsleistungen haben sich die landschaftsökologischen Bedingungen innerhalb der Fichtenforste und für die benachbarten Landschaften verschlechtert:

Ökologie von Fichtenforsten

- Der ausbleibende Laubfall unterbricht den mineralischen Stoffkreislauf; an seine Stelle tritt Nadelstreu, die zur Bildung von Rohhumus und zu saurer Bodenreaktion führt.
- Dadurch geht das Puffervermögen des Bodens zurück, und die Art und Zahl der Bodenorganismen verändern sich negativ.
- Der Lichteinfall wird merklich geringer, was zur Beeinträchtigung und bis zum Verschwinden von Unterwuchs führt. Dafür siedeln sich Moose und Flechten sowie sauren Boden liebende Zwergsträucher an.
- Rückgang der Bodendurchwurzelung infolge der sehr flach ausgebildeten Fichtenwurzeln (Wurzelteller) und Verdichtung des Bodens durch die bei Wind entstehenden Schaukelbewegungen.

Mit der umwälzenden Veränderung des Baumbestandes ändert sich auch der Tierbestand durch ein andersartiges Nahrungsangebot. Hierzu gehört auch die zunehmende Ausbreitung von Schadinsekten, was durch das Verschwinden natürlicher Feinde, wie z.B. Vögel, begünstigt wird.

Fichtenforste sind sehr anfällig gegen Wind- und Schneebruch; in den gestürzten Bäumen finden Schadinsekten, wie z.B. Borkenkäfer und Nonnenfalter, günstige Lebensbedingungen.

Andererseits ist die Fichte, Hauptbaumart in den deutschen Mittelgebirgen, den extremen Standortbedingungen, wie Steilhanglagen, Schnee und Frost, gut angepaßt, zumal sie auch im naturnahen bzw. natürlichen Gebirgswald zu den dominanten Gehölzarten gehört. Wegen ihrer Holzproduktion, die höher ist als bei anderen Baumarten, ist sie aus wirtschaftlichen Gründen nicht so leicht ersetzbar.

b) **Schädigungen von Wald-Ökosystemen**

Waldschäden durch Immissionen

In dem Kammlagen mitteleuropäischer Mittelgebirge wurden bereits Mitte der siebziger Jahre Schädigungen an Nadeln und Wurzeln von Tannen festgestellt. Inzwischen sind auch andere Koniferen, Fichten und Kiefern, betroffen, und in jüngster Zeit sind Schadwirkungen auch an Buchen und Eichen beobachtet worden. Auch tiefere Lagen sind von Luftschadstoffen betroffen, ohne daß immer eine von Entfernung und Richtung eindeutige Korrelation zwischen Emittenten und Immissionsgebiet festgestellt werden kann. Daraus ist zu schließen, daß Luftschadstoffe über sehr weite Entfernungen transportiert und nicht nur mehr Ballungsgebiete davon betroffen werden.

In vielen Fällen ist eine direkte Emissions-Immissions-Beziehung nachweisbar, wie z. B. zwischen der (inzwischen eingeschränkten) Produktion in den Chemiebetrieben von Bitterfeld und Wolfen und der Dübener Heide oder den Produktionsstätten im Egergraben (CSFR) und den Hochlagen des Erzgebirges (s. Abb. 26). Hierfür sind in der Regel auch die beteiligten Schadstoffe auszu-

Abb. 26
Der Erzgebirgswald gilt als das am meisten geschädigte Waldgebiet Europas. Von den insgesamt 140 000 ha Wald sind laut einer Studie der Chemnitzer Forstwirtschaftsbehörde 120 000 ha geschädigt; 3 000 ha werden voraussichtlich in den nächsten Jahren absterben.

machen. Im allgemeinen und weltweit gesehen handelt es sich um synergetische Wirkungen verschiedener Schadstoffe:

Beim Verbrennen fossiler Brennstoffe entweicht Schwefeldioxid, dringt als Gas durch die Spaltöffnungen von Nadeln und Blättern und verbindet sich mit Zellflüssigkeit zur Säure, wodurch allmählich die Zellsubstanz zerstört wird. In Verbindung mit dem Wassergehalt der Atmosphäre oder mit der an Nadeln und Blättern anhaftenden Feuchte bildet sich schweflige und Schwefelsäure, die die vor Austrocknung schützende Wachsschicht angreifen und die normalen biochemischen Prozesse stören. Ein dritter Weg der Schädigung erfolgt über Säurebildung im Niederschlagswasser, wodurch sich dessen pH-Wert deutlich erniedrigt (s. Kap. 11.1). Noch aggressiver wirkt das Schneeschmelzwasser, wo sich im Schnee größere Schadstoffmengen angereichert haben.

„Saurer Regen"

Ein anderer Luftschadstoff sind Stickoxide, die bei Hochtemperatur-Verbrennungsprozessen entstehen; Hauptquellen sind Kraftfahrzeuge und Kraftwerke. In Verbindung mit Wasser entsteht Salpetersäure, die ebenfalls am Sauren Regen beteiligt ist.

Darüber hinaus sind zahlreiche andere Luftschadstoffe, wie z. B. als Photooxidanzien bezeichnete Gemische, Schwermetalle und organische Verbindungen, an der Schädigung der Wald-Ökosysteme beteiligt.

Die Schädigung der Bäume ist in ihren verschiedenen Stadien zu erkennen: nach unten hängende Zweige mit hohem Flechtenbesatz (Lamettasyndrom), zunehmende Braunfärbung der Nadeln bis zum Absterben und Abfallen und schließlich totaler Abfall von Ästen und Zweigen (s. Abb. 26).

Waldsterben

Neben Industrie und Siedlungen gibt es auch in der Landwirtschaft Quellen der Luftverunreinigung; an erster Stelle sind die Großanlagen der Tierproduktion („Agroindustrie") zu nennen, aus denen – neben der Gülle – gasförmig Amine, Ammoniak und Schwefelwasserstoff emittiert werden, die ebenfalls zur Vernichtung von Gehölzflächen führen.

Boden-versauerung
„anthropogene Podsolierung"

Langzeitwirkungen von Luftschadstoffen beeinträchtigen auch den Boden durch zunehmende Versauerung, die den ohnehin naturbedingten Prozeß der zunehmenden Versauerung in humiden Klimagebieten verstärken. Durch länger anhaltende Infiltration von Säure in den Boden sinkt der pH-Wert, die Tonminerale werden in ihrer Gitterstruktur nachteilig verändert, für das Pflanzenwachstum wichtige Nährstoffe werden ausgewaschen und durch H- und Al-Ionen sowie durch Ionen von Schwermetallen ersetzt. Mit fortschreitender Versauerung wird das auf den Eigenschaften von Tonmineralien und Huminstoffen basierende Puffervermögen des Bodens reduziert; Bodenflora und -fauna erfahren erhebliche Schädigungen. Ein Indikator für den fortgeschrittenen Versauerungszustand ist das Verschwinden des Regenwurms.

Der durch das Eindringen von Luftschadstoffen verstärkte Versauerungsprozeß im Boden tendiert zur Podsolierung, die auch Böden mit günstiger Tonmineralstruktur und hohem Puffervermögen erfassen kann (s. Abb. 27).

Setzt sich die „anthropogene Podsolierung" fort, gelangen Aluminium- und Schwermetallionen in das Grundwasser und in die Vorfluter mit erheblichen Folgen für die Wasserqualität.

Bodenaufkalkung durch Flugasche

Im Unterschied zu gasförmigen Immissionen wirken solche mit Flugstaub alkalisch, der Boden wird gewissermaßen aufgekalkt. Bei Immissionen mit säurebildenden Gasen und Flugasche kann es zu neutralisierenden Effekten kommen. Da Flugasche und -stäube nicht über sehr große Entfernungen transportiert werden, beschränken sich solche Wirkungen auf die Nachbarschaft zu den Emittenten. Häufig ist es dann auch so, daß die Bäume durch die gasförmigen, die Nadeln verätzenden Schadstoffe betroffen werden, während die Flugasche basische Bodenreaktionen fördert. Im Hinblick auf die Ökologie des Waldes und seine landeskulturelle Funktion handelt es sich in jedem Falle um unerwünschte Wirkungen, die letztlich zu Waldschäden führen.

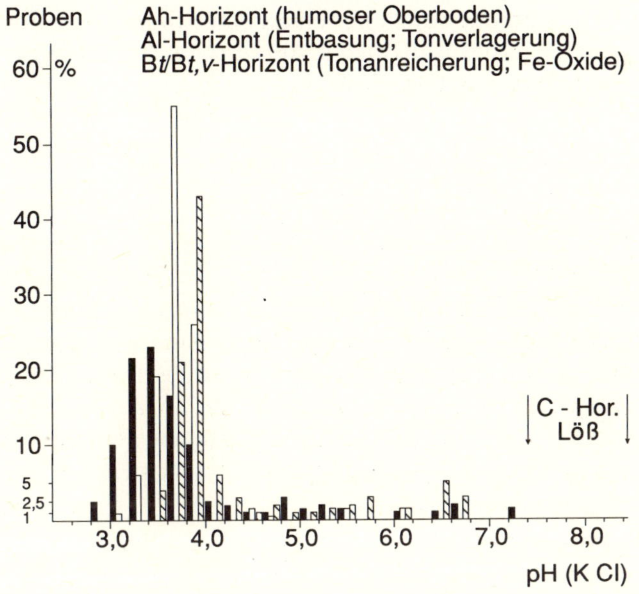

Abb. 27
pH-Werte nach Bodenhorizonten (88 Parabraunerde-Profile auf Löß/Kraichgau).

Regionale landschaftsökologische Auswirkungen der Waldschädigung

Mit der Wirksamkeit von Immissionen auf Wald-Ökosysteme gehen auch landschaftsökologische Nachbarschaftswirkungen allmählich zurück und bleiben schließlich völlig aus. Das betrifft zunächst alle Funktionen des Waldes, erfährt aber besonders im Hinblick auf den Wasserhaushalt Negativwirkungen, die u. a. darin bestehen, daß mit dem Rückgang des Retentionsverhaltens der oberflächliche Abfluß und mit ihm die Erosion, die Gefahr von Hochwasser und Überschwemmungen erhöht und der Beitrag zur Grundwasserneubildung verringert werden. Durch eine Verkümmerung des Waldbestandes verringert sich auch das lufthygienische Potential dieses Ökosystems im Hinblick auf den Austausch Kohlendioxid gegen Sauerstoff.

Rauchharte Gehölze

Mit dem Erkennen der Gefahren für den Wald selbst und seine Wohlfahrtswirkung sind Aktivitäten für Gegenmaßnahmen geweckt worden. Bei allen anerkennenswerten Bemühungen reichen sie bei weitem nicht aus. Allein die Beseitigung bzw. Reduzierung von Immissionen bereitet, um voll wirksam zu werden, allerlei verfahrenstechnische und schließlich auch finanzielle Schwierigkeiten. Darum sind – gewissermaßen als flankierende Maßnahmen – Versuche zur Züchtung rauchharter Gehölze gestartet worden. Sie gehen von der Annahme aus, daß die Baumexemplare, die Immissionen überstanden haben, eine für die Züchtung günstige Mutation erfahren haben.

c) **Der besondere Fall: Das Ökosystem Tropischer Regenwald**

Der immergrüne tropische Regenwald ist die adäquate Vegetationsform des immerfeuchten, heißen innertropischen Klimas der Erde beiderseits des Äquators (s. Abb. 23). Er ist die üppigste Vegetationsformation auf der Erde, weil es keine eingeschränkte Vegetationsperiode, und daher auch keine Vegetationspause gibt. Im Unterschied zu den Wäldern anderer landschaftsökologischer Zonen unterscheiden sich die tropischen Regenwälder durch einen beinahe unvorstellbaren Artenreichtum, wo zwischen 40 bis über 100 Arten auf einem Hektar vorkommen; darin sind die meisten Pflanzen Holzgewächse (s. Kap. 7), die vertikal in drei bis vier Stockwerken aufgebaut sind. (Abgesehen von landschaftsökologischen Aspekten, sind solche Bedingungen forstwirtschaftlich kaum oder gar nicht zu bewältigen.) Selbst die Bodenschicht, wo Kräuter selten sind, wird meist von Sprößlingen der Gehölze gebildet. Auch Epiphyten und Schlingpflanzen sind Gehölze.

Die meist schlanken Stämme verzweigen sich erst im Kronenbereich und vermitteln dadurch den Eindruck der „Grünen Hölle“, womit sich Unwegsamkeit, Hitze und Luftfeuchte sowie die Gefahr des Überfalls von nicht immer sogleich entdeckbaren Tieren verbinden.

Die im tropischen Regenwald erzeugte Biomasse übertrifft die eines Buchenwaldes in der Gemäßigten Zone um etwa 75 %. Diese Produktivität erklärt sich aus dem tropischen Regenwald selbst; denn die nachschaffende Kraft des Bodens ist - im Vergleich zu anderen Waldgebieten der Erde - außerordentlich gering. Der größte Teil der Biomasse im tropischen Regenwald befindet sich oberhalb des Bodens, und darin liegt auch das Reservoir für seine Erhaltung. Die außerordentliche hohe Masse an anfallender toter organischer Substanz wird infolge hoher Feuchte und Wärme unvergleichlich schnell zersetzt, ohne daß damit eine organische Anreicherung des Bodens erfolgt. In kurzer Zeit werden durch Wurzelpilze organische Substanzen umgesetzt und - soweit es Nährstoffe betrifft - an die Pflanzen weitergegeben. Dadurch entsteht ein sehr kurzer Nährstoffkreislauf, durch den sich der immergrüne tropische Regenwald selbst erhält.

Der Regenwald lebt von sich selbst

Die tiefen tropischen Böden haben eine für die Erzeugung von Pflanzenmasse ungünstige Tonmineralstruktur, die mit einer sehr geringen Kationenaustauschkapazität verbunden ist (s. Kap. 7.). Das anstehende Gestein liegt infolge der ausgeprägten chemischen Verwitterung so tief, daß mit einer Nachlieferung von primären Mineralien nicht zu rechnen ist.

„Welt-Lunge“

Die bloße Existenz von tropischen Regenwäldern hat nicht nur regionale, sondern weltweite Bedeutung. Der in Südamerika, Afrika und Südostasien (ursprünglich) verbreitete immergrüne Regenwald ist eine Art „globale Lunge“ vor allem für die besiedelte Welt geworden, indem in großen Mengen CO_2 gegen O_2 global - neben der Wirkung von Ozeanen - ausgetauscht werden. In diesem Zusammenhang erscheint es wichtig, generell auf die Erhaltung der Waldbestände auf der Erde u. a. wegen ihrer positiven Wirkung auf das Leben insgesamt aufmerksam zu machen.

Varzea

Was wissenschaftlich längst nachgewiesen ist, aber in der landnutzenden Praxis wenig bis gar nicht beachtet wird, ist die mangelnde Fruchtbarkeit der Böden in den immerfeuchten Tropen. Im Falle des größten Regenwaldgebietes der Erde, dem Amazonas-Regenwald, besteht eine Ausnahme für den Bereich der jährlichen Überschwemmungen, der Varzea, wo mit dem Hochwasser Schluff- und Tonsedimente mit günstiger Mineralstruktur abgelagert werden. Diese Dreischichttonminerale stammen aus den Höhenstockwerken der Anden, wo sie aufgrund anderer ökologischer Bedingungen autochthon gebildet werden. Hier ist langjährig eine erfolgreiche landwirtschaftliche Nutzung möglich (s. Abb. 28).

Abb. 28
Die großräumige ökologische Untergliederung Amazoniens auf der Grundlage der geochemischen Eigenschaften der Böden.

Einzugsgebiet des Amazonas

Westliches Randgebiet und Varzea-Bereich: aufgebaut aus den Verwitterungsprodukten der Anden mit einem hohen Anteil an Dreischichttonmineralen; fruchtbarstes Gebiet in Amazonien.

Nördliches und südliches Randgebiet (Terra firme): extrem nährstoffarme Böden, die meist auf Graniten, Gneisen oder Sandsteinen entstanden sind (Schilde Guayanas und Zentralbrasiliens).

Zentral-Amazonien: Böden aufgebaut aus den Verwitterungsprodukten der ohnehin extrem nährstoffarmen nördlichen und südlichen Randgebiete; Auswaschung der Nährstoffe (seit dem Pleistozän).

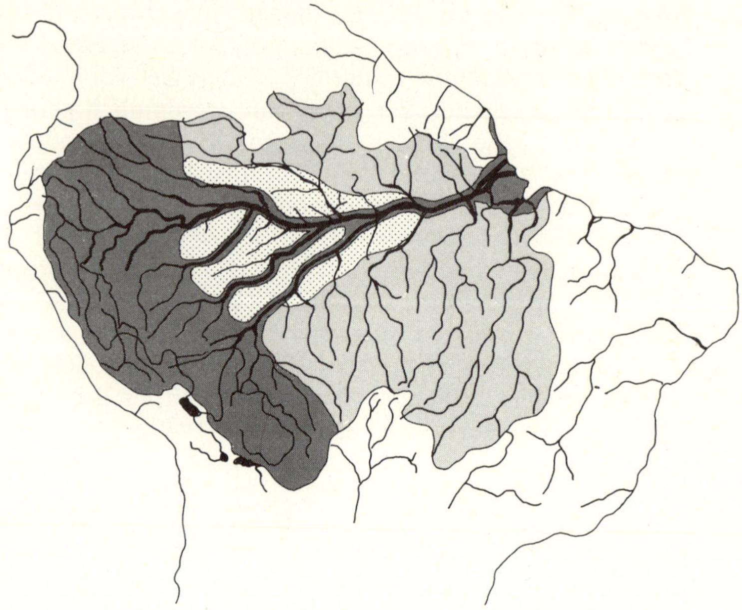

Shifting cultivation

Die aber sonst herrschende mangelnde Bodenfruchtbarkeit bekommen Siedler bald zu spüren, wenn nach anfänglich hohen Erträgen auf Rodungsflächen das Ernteergebnis rapide dürftig wird. Das zwingt zur Rodung neuer Waldflächen. Diese für den tropischen Regenwald charakteristische Nutzungsform, wo durch Brandrodung neue Anbauflächen für wenige Jahre gewonnen werden, wird als „Shifting cultivation" bezeichnet (s. Abb. 29). Die Nutzung ist auf zwei bis drei Jahre beschränkt wegen der sehr rasch nachlassenden Erträge; der nächste Anbau muß auf einer neuen Rodungsfläche erfolgen. Auf der aufgegebenen Fläche stellt sich ein Sekundärwald ein, der zwar relativ rasch mit dichtem Bestand nachwächst, aber erst nach ca. 15 bis 20 Jahren wieder landwirtschaftlich genutzt werden kann.

Globaler ökologischer Schaden

Wenn diese Form auch als eine dem Ökosystem tropischer Regenwald angepaßte Nutzungsform aufgefaßt wird, ist nicht zu übersehen, daß auf längere Sicht im tropischen Regenwald Veränderungen geschehen, die von erheblichen nachteiligen ökologischen Folgen sind. Die in den letzten Jahren zunehmende Besiedlung, verbunden mit der „Erschließung" weiterer Anbauflächen, verstärkt diese nachteiligen Wirkungen.

In den letzten Jahrzehnten sind in den tropischen Regenwäldern industrielle Großprojekte zur Erschließung der mineralischen

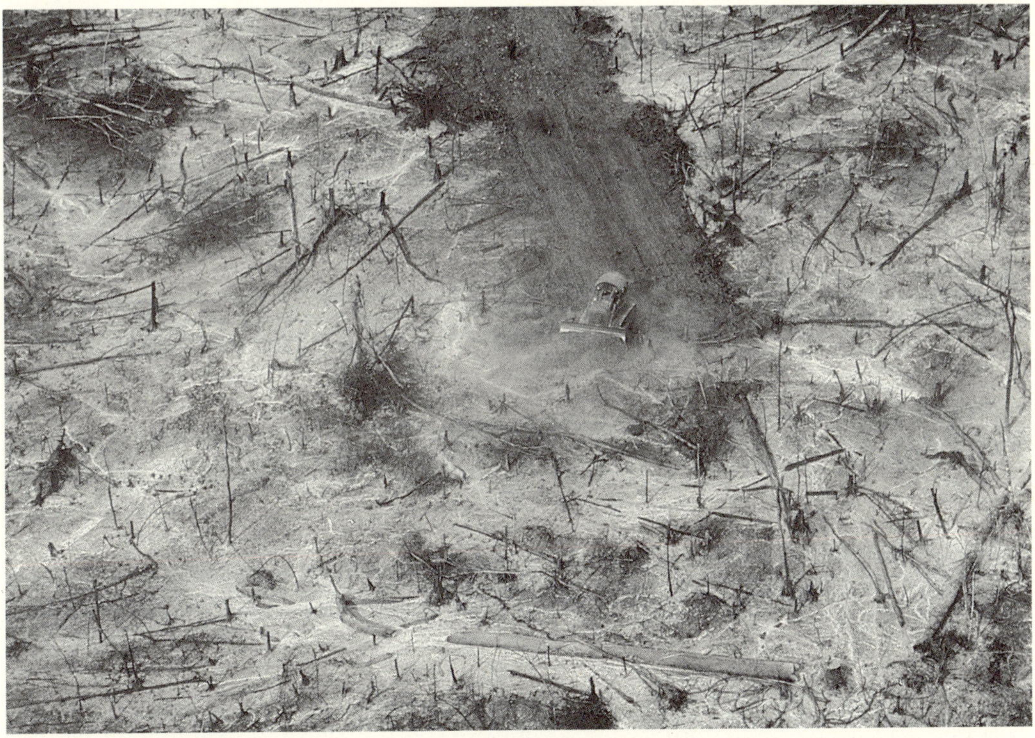

Vorräte und Holzvorräte gestartet worden, verbunden mit Neuansiedlungen von landlosen Bauern. In Brasilien spielt seit ca. 30 Jahren ein riesiges Erschließungsprojekt eine bedeutende Rolle; im Mittelpunkt steht die Verkehrserschließung des Amazonasbekken durch N-S- und W-E-gerichtete Fernverkehrsstraßen, die durch lokale Verkehrswege ergänzt werden. Nach Scheitern der ursprünglich geplanten großen bäuerlichen Kolonisation konzentriert man sich auf bergbauliche Erschließung, die Anlage von Plantagen und auf die Holznutzung. Letztere ist insofern problematisch, weil stets nur einzelne, voneinander entfernte Bäume gefällt werden, aber benachbarte Bäume mit umfallen, die eigentlich nicht benötigt werden. Das erklärt, daß nur ca. 25 % des anfallenden Holzes industriell und nur ein kleiner Teil als Brennholz genutzt werden.

Abb. 29
Großflächige Brandrodung in Amazonien.

Ökonomisch fragwürdige Erschließung – ökologisch unverantwortliche Folgen.

Auch in den Tropenwäldern Afrikas und Südostasiens haben Holzeinschlag und andere Nutzungsformen große Lücken im Waldbestand geschaffen. In nur 40 Jahren wurde etwa die Hälfte des tropischen Regenwaldes, „dieses kostbaren Naturschatzes“, vernichtet.

Alle diese mit „Erschließung“ bezeichneten Maßnahmen sind tiefe Eingriffe in den Naturhaushalt mit weitreichenden Folgen für die betreffenden Gebiete selbst, aber auch für die globale Ökologie: Mit dem großflächigen Abbrennen des Baumbestandes geht zwangsläufig die Produktion von O_2 merklich zurück, im gleichen Maß erhöht sich der CO_2-Gehalt der Atmosphäre und verstärkt den Treibhauseffekt. Die landschaftsökologischen Probleme für die betroffenen Regionen sind zugleich auch soziale Probleme, wie z. B. für die Indianer Amazoniens, die Siedlungs- und Jagdgebiete einbüßen.

8.2 Agro-Ökosysteme

Das Verständnis für den Begriff Agro-Ökosysteme wird – im internationalen Vergleich und in Abhängigkeit von der Breite und Besonderheit agrarischer Produktion – unterschiedlich aufgefaßt. Hier wird der Begriff eingeschränkt auf Ökosysteme mit ackerbaulicher Wirtschaft und ausschließlicher Nutzung der pflanzlichen Produktion, der Primärproduktion, verstanden.

Externe Erhaltung von Agro-Ökosystemen

In Agro-Ökosystemen wirken die gleichen essentiellen natürlichen Gesetze wie in natürlichen und naturnahen terrestrischen Ökosystemen, sowohl im Hinblick auf Stoffproduktion und Stoffwandlung als auch auf Energieflüsse. Im Unterschied zu natürlichen und naturnahen Ökosystemen mit relativ geschlossenen Kreisläufen vollziehen sich Stoffproduktion und -kreislauf in Agro-Ökosystemen unter ganz anderen Bedingungen: Im Verlauf ihrer durch Züchtung geprägten Entwicklungsgeschichte sind Kulturpflanzen in der Lage innerhalb einer – in den Klimagebieten unterschiedlich langen – Vegetationsperiode, hohe Erträge in der Primärproduktion zu erzielen. Die für den Anbau ausgewählte Kulturpflanze kann sich wegen der konsumorientierten Zweckbestimmung selbst nicht mehr reproduzieren, und ist deshalb auf externen „Import“ – jährlich oder in mehreren Jahren – von reproduktiven Substanzen, wie Samen, Stecklinge u. a. abhängig. Die in einer Vegetationsperiode erzeugte Phytomasse wird jeses Jahr mit der Ernte zu einem großen Teil dem Stoffkreislauf entzogen; nur ein geringer Teil (z. B. Getreidestoppeln) geht in diesen Stoffkreislauf ein. Daraus ergibt sich die Notwendigkeit für eine – dem Grad der Nutzungsintensität entsprechende – Zufuhr von Stoff und Energie, um das mit der Ernte entstehende Defizit im Kreislauf auszugleichen. Das geschieht vor allem durch Einbringung von Dünger.

Die Entnahme von Produkten aus der von den Kulturpflanzen erzeugten Biomasse ist mit Folgewirkungen auf den Boden, dem bedeutenden Teil des Agro-Ökosystems, verbunden. Um das biotische Ertragspotential zu erhalten, sind Steuerungsmaßnahmen notwendig gegenüber Konkurrenten (Unkräuter), tierischen Schädlingen (Konsumenten und Destruenten), zur Erhaltung der benötigten Bodenflora und -fauna sowie zur Minimierung von Stoffverlusten durch agrotechnische Maßnahmen.

Die Ausnutzung des natürlichen Angebots - Licht, Temperatur, CO_2 und Stickstoff - ist sowohl bei dem einzelnen Kulturarten als in den verschiedenen landschaftsökologischen Zonen und deren Landschaften unterschiedlich (s. Kap. 7.). Hinzu kommt als ertragsfördernder oder -hemmender Faktor die Bewirtschaftungsintensität bzw. -extensität.

Züchtungserfolge und agrochemische Intensivierungsmaßnahmen haben in den letzten Jahrzehnten beachtliche Erfolge erzielt. Diese auf Dauer zu halten, erfordert zur Aufrechterhaltung der Ertragsleistungen einen erheblichen Aufwand. Dieser ist in Ländern mit intensiver, ertragsreicher Pflanzenproduktion im Hinblick auf den angestrebten Effekt nicht immer angemessen; denn das in der Praxis erzielte Ernteergebnis weicht vom möglichen, experimentell ermittelten Ertrag sehr häufig ab. Der Einsatz des ertragsfördernden Stickstoffs (teilweise nach der Devise: viel hilft viel) stößt auf ökonomische und ökologische Grenzen: es wird zu teuer, gemessen am Zuwachs; es ist ökologisch nicht vertretbar, weil benachbarte Ökosysteme beeinträchtigt werden (z. B. Kontamination des Grundwassers).

Aufwand-Nutzen-Relation ungünstig

8.2.1 Erhöhung des Ertragspotentials von Agro-Ökosystemen und deren landschaftsökologische Folgen

Die Anhebung der Erträge erfolgt im allgemeinen über die Verbesserung der Bodenqualität hinsichtlich ihres Ertragspotentials. Neben Meliorationsmaßnahmen, z. B. Verbesserung des Bodenwasserhaushalts durch Dränage oder durch Bewässerung, sind andere Maßnahmen vor allem auf zusätzliche Zufuhr von Pflanzennährstoffen und auf die Ausschaltung von Konkurrenten gerichtet.

Grenzen der agrochemischen geförderten Ertragssteigerung

In der Anhebung von Pflanzenerträgen wird seit etlichen Jahrzehnten auf den Einsatz von Stickstoff gesetzt. Die zunächst erfolgreiche Wirkung von N-Gaben hat in den letzten Jahren keine nennenswerte Ertragssteigerung zur Folge gehabt; denn die üblicherweise angewandten Stickstoff-Düngermengen haben die Stabilität der damit (übertrieben) versorgten Agro-Ökosysteme sowie die benachbarter landschaftlicher Ökosysteme beeinträchtigt:

In den Agro-Ökosystemen selbst bewirkt die hohe Stickstoff-Gabe die Neigung zu verstärkter Lagerung, was durch den (ökonomisch zusätzlichen Einsatz) von Halmstabilisatoren behoben wird. Im Artenspektrum der Ackerunkräuter werden nitrophile Arten begünstigt, wodurch eine Häufung von problematisch wirkenden Unkräutern zustandekommen kann. Nicht alle Mengen an Stickstoff-Dünger werden von den Pflanzen aufgenommen und gehen als Output in andere, vor allem aquatische Ökosysteme.

Schließlich gelangt mit Stickstoff bzw. Nitrat angereicherte Pflanzensubstanz in die Nahrungskette, deren letztes Glied der Mensch ist. Ein besonderes Problem ist der Einsatz von Gülle aus Großanlagen der Viehhaltung im Zusammenhang mit der Stickstoffanreicherung und -versickerung.

Herbizide fördern Ausbreitung von Problemunkräutern

Die Ausschaltung unerwünschter Konkurrenten in der Feldflur erfolgt hauptsächlich durch den Einsatz von Herbiziden. Neben den Erfolgen stellt sich aber auch eine unbeabsichtigte Selektion solcher Unkräuter ein, die durch die Ausschaltung anderer Arten zu einer dominanten, weite Verbreitung findenden Stellung kommen (sog. Problemunkräuter). Selbst für nachfolgende Kulturarten besteht nach vorangegangenem Einsatz von Herbiziden die Gefahr der Ertragsverringerung.

Über Ertragssteigerungen in hoch intensivierten Agro-Ökosystemen im Hinblick auf die zur Verfügung stehenden und zur Anwendung kommenden Maßnahmen muß – auch wegen der Ertragsüberschüsse z. B. in den EG-Ländern – tiefgründiger nachgedacht werden. Unter Berücksichtigung von Outputbeziehungen zu benachbarten landschaftlichen Ökosystemen, z. B. zu solchen, die für die Trinkwasserversorgung von großer Bedeutung sind, ist schon seit Jahren Handlungsbedarf notwendig.

Bodenverdichtung

Die auf hohe Erträge ausgerichteten Maßnahmen sind mit dem Einsatz von Maschinen verbunden, die durch ihren immer wiederkehrenden Einsatz Bodenverdichtungen hervorrufen. Dieses sind ein weltweit zu beobachtendes Phänomen, das sich als bodenstrukturelle Veränderung negativ auf Bodenphysik und -chemie auswirkt und schließlich zu Ertragsminderungen führt. Mit der Bodenverdichtung werden Austauschprozesse von Wasser, Nährstoffen und Sauerstoff zwischen Ober- und Unterboden vermindert; der Versickerungsprozeß wird gestört, was die unproduktive Verdunstung erhöht. Schließlich sind verdichtete Bodenhorizonte Barrieren für die tiefere Bodendurchwurzelung.

8.2.2 Der besondere Fall: Ökosysteme der Savanne

Bis heute ist das Entstehen der Savannen zwischen den immerfeuchten Tropen und der subtropischen Trockenzone ein ungelöstes Problem. Von menschlichen Eingriffen unberührt gebliebene Pflanzenformationen gibt es so gut wie nicht mehr. Unklar ist, ob es sich vegetationsgeographisch um Sekundärformationen einer „Primärsavanne" handelt, oder ob diese aus ursprünglichen lockeren Wäldern hervorgegangen ist. Nach der Dauer der Trockenzeit bzw. Regenzeit unterscheidet man Feucht-, Trocken- und Dornstrauchsavannen.

Sahelzone

Durch den Wanderfeldbau und starke Besiedlung ist der Bereich der Feuchtsavanne mit den laubabwerfenden Wäldern weitgehend gerodet worden. Sobald die jährliche Niederschlagsmenge unter 500 mm sinkt, bestimmt zunehmend die Eigenart des Bodens den Pflanzenwuchs. Mit Annäherung an die Wüstenzone wird der natürliche bzw. naturnahe Bewuchs so dürftig, womit schon die mangelnde Eignung für den Ackerbau angezeigt wird. Dieser Bereich, einst von Herden des Großwildes belebt, ist weithin Weidegebiet. In weiten Gebieten Afrikas ist durch diese Weidewirtschaft und das jährlich stattfindende Abbrennen des Grases eine erhebliche Degradation eingetreten. In dieser Sahelzone hat der Bevölkerungsdruck zugenommen und damit auch die Zahl der Viehherden, die weitaus größer ist, als es die Produktivität der Pflanzendecke zuläßt.

Desertifikation

Der Bevölkerungsdruck ist auf eine räumliche Ausdehnung der Siedlungs-, Wirtschafts- und Weidegebiete in Afrika nach N, in Richtung Sahara, orientiert. Einschlag von Brennholz, zu weit ausgedehnte Pflanzenkulturen und Überweidung vernichten die ohnehin spärliche Vegetationsdecke und fördern somit das Vordringen der Wüste.

Die Ausdehnung der Wüste durch Mißachtung des landschaftsökologischen Potentials trifft auch für Ostafrika und andere ähnlich ökologisch strukturierte Gebiete der Erde zu. Sahelzone, Sudan und Äthiopien sind die Zonen und Länder, die wegen der in Hungersnot geratenen Bevölkerung Schlagzeilen seit etlichen Jahren machen. Eine Reihe von Jahren mit ungewöhnlich niedrigen und sogar ausbleibenden Niederschlägen, was charakteristisch für diese Zone ist, sind die Ursache dafür.

Zunahme der Dürren –

– veränderte Albedo

Nach langjährigen Erfahrungen muß in den kritischen Gebieten mit drei bis vier Dürrejahren in einem Jahrhundert gerechnet werden. Seit Beginn des 20. Jh. hat sich diese Zahl verdoppelt. In der Umwandlung natürlicher Vegetationsformen in agrarisch genutzte Landschaften ändert sich die Albedo, die als eine in

Erwägung zu ziehende Ursache für die höhere Frequenz von Dürrejahren betrachtet wird. Die durch den heller gewordenen Untergrund größer gewordene Albedo wirkt sich verändernd auf Wärme- und Wasserhaushalt aus. Die mit der lückenhafter und spärlicher gewordenen Pflanzendecke zurückgehende Verdunstung verstärkt die Trockenheit. In der ohnehin landschaftsökologisch sensiblen und kritischen Zone wächst durch anthropogene Eingriffe die Anfälligkeit gegen Dürre und das Vordringen der angrenzenden Wüstenregion.

8.3 Urbane Ökosysteme

Eine Stadt ist nicht nur nach ihren sozialen und ökonomischen Funktionen beurteilbar. Die Stadt ist auch ein System mit Stoff-, Energie- und Informationsflüssen, wie sie für Ökosysteme charakteristisch sind, darum muß die Stadt auch als ein solches angesehen werden können. Im Zusammenhang mit Umweltproblemen spielt die Stadt als Verursacher und Betroffene gleichermaßen eine herausragende Rolle. Immerhin lebt fast die Hälfte der Weltbevölkerung - die Tendenz ist steigend - in Städten, die aber nur 0,3 % der Erdoberfläche einnehmen, d. h. jeweils auf sehr engem Raum realisiert sich ein intensiv ablaufender vielgestaltiger Prozeß zwischen Lebewesen, besonders Menschen und Umwelt sowie zwischen Lebewesen und Lebewesen.

Die Stadt ist auch ein Ökosystem

Das urbane Ökosystem ist wegen der beteiligten Faktoren und Prozesse von einer besonderen Eigenart, die sich von anderen Ökosystemen mit naturbürtigen Geokomponenten sehr deutlich unterscheidet:

- Hoher Konsum von sekundärer Energie und Stoffen (z. B. Nahrungsmittel) bei geringer bis sehr geringer eigener Primärproduktion;
- Import von Wasser und Export von Abwasser, Import und Export von Materialien, Entstehung großer Abfallmengen;
- Veränderungen der natürlichen Ausstattung: Veränderung von Relief und Boden durch Abtragung und Überbauung, erheblicher Rückgang von Pflanzen und Tieren durch Verringerung und Veränderung der Vegetationsdecke;
- Entwicklung eines eigenen Klimas durch verstärkte Erzeugung von Kondensationskernen und Ausbildung von Dunstglocken (Glashauseffekt) sowie dadurch verursachte Veränderung im Temperaturregime (s. Kap. 11.3.1);

Import-Export-Beziehungen

Glaushauseffekt/ Treibhauseffekt

- Veränderungen in speichernden und transportierenden Medien: Verschmutzung von Luft, Boden und Wasser;
- Zuzug von Pflanzen- und Tierarten aus wärmeren Ursprungsländern.

Hauptfaktoren der urbanen Landschaftsökologie

Die Stadt ist durch Gebäude und Anlagen der technischen Infrastruktur ein Raumgebilde mit ausgeprägtem Relief, das z.T. bedeutende, meist steile Erhebungen und dazwischen trennende Senken hat. Die bauliche Substanz ist vergleichbar mit vegetationslosem Felsgestein, unterbrochen von den „Oasen" der meist tiefer gelegenen Grünflächen. Weitflächig fehlende Vegetation, unbedeckte Bausubstanz („nacktes Gestein") und die durch Bebauung entstandene besondere Orographie sind die wesentlichen Faktoren der urbanen Landschaftsökologie.

Stadtklima

Schon die genannten Faktoren deuten besondere Auswirkungen auf das **Klima** an, das erhebliche Unterschiede gegenüber dem Umlandklima aufweist:

Die globale Einstrahlung, besonders ihr ultravioletter Anteil, ist der Dunstglocke wegen verringert. Sie sorgt an warmen Sommertagen bei austauscharmer Luft für höhere Temperaturen infolge des Treibhauseffektes. Die Windgeschwindigkeit ist allgemein niedriger, Windböen aber sind häufiger. Durch die in verschiedenen Richtungen verlaufenden Straßen ist das Windfeld in einzelne bodennahe Strömungsrichtungen aufgefächert, wobei Düseneffekte häufig sind.

Einige Vergleichswerte Stadt–Umland mögen diese Charakteristik ergänzen:

Klimavergleich: Stadt-Umland

Wolkendecke	+ 5 % bis 10 %
Sonnenscheindauer	– 5 % bis 16 %
Globalstrahlung	– 15 % bis 20 %
UV-Strahlung:	
Winter	– 30 %
Sommer	– 5 %
Jahresmittel d. Temp.	+ 0,5 % bis 2,0 K
Relative Luftfeuchte:	
Sommer	– 8 %
Winter	– 2 %
Mittl. Windgeschwindigkeit	– 20 % bis 30 %
Jährlicher Niederschlag	+ 5 % bis 10 %
Schneefall	– 5 %
Gasgehalt der Luft	5- bis 25mal höher
Kondensationskerne	10mal mehr.

(nach *Jacobeit* 1986).

Nachzutragen ist noch, daß in der Stadt Nebel, Gewitter und Schwüle häufiger sind als über dem freien Land.

Thermisches Verhalten in einer Großstadt

Auf der Grundlage städtischer Landschaftseinheiten ist mit Mitteln der Geofernerkundung die Stadtregion von Leipzig hinsichtlich ihres thermischen Verhaltens untersucht und kartiert worden. Es werden zehn räumlich differenzierte thermische Verhaltenstypen unterschieden, zusammengefaßt zu folgenden Typengruppen: Nutzflächengefüge mit Warmluftentstehung, mit thermischem Ausgleich, mit Abkühlungswirkung, mit Kaltluftentstehung und mit wechselndem thermischen Verhalten. Diese Differenzierung korreliert – verständlicherweise – sehr eng mit der Bebauungsdichte und mit der Beschaffenheit der Reflexionsfläche.

Genese urbaner Böden

Innerhalb der Stadt ist die unter anderen Bedingungen vielfältige Funktion des **Bodens** auf Baugrund für Gebäude und Verkehrsflächen reduziert. Die Entstehung von andersartigen Böden aus bereits vorhandenen natürlichen Ursprungs erfolgt durch folgende Vorgänge:

- Abtrag der ursprünglichen Deckschicht,
- Auftrag von natürlichen und/oder künstlichen Fremdsubstraten,
- Vermischung verschiedener Substrate und
- Fossilierung von Bodenlagen.

Zu ergänzen ist, daß z.B. zur Fundamentierung von höheren Gebäuden und Hochbauten der Boden bis auf das unterlagernde Gestein gänzlich abgeräumt wird.

Belastung urbaner Böden

Die anthropogen aufgetragenen bzw. eingebrachten Substratschichten fördern durch die unterschiedliche Beschaffenheit und Herkunft eine sehr inhomogene vertikale Abfolge und ein wechselvolles horizontales Gefüge. Meist ist der Skelettanteil hoch, der Karbonatgehalt ebenfalls, und die Bodenreaktion tendiert zu neutral bis schwach basisch. In der Umgebung von Produktionsstätten und Verkehrsanlagen sind die Böden häufig mit Schwermetallen, Salzen, Ölen u.a. kontaminiert, wobei das Eindringen in den Bodenkörper lange Zeit zurückliegen kann, ohne daß ein Abbau erfolgt ist (Problem der Boden-Altlasten!). In den urbanen Böden ohnehin, und in den kontaminierten im besonderen, sind vor allem Aktivitäten des Edaphon eingeschränkt, was auch durch unzureichende bis fehlende Wasserinfiltration verursacht wird.

Abfluß und Infiltration in der Stadt

Eine ganz wesentliche Veränderung erfährt der **Wasserhaushalt** in urbanen Ökosystemen durch die starke Oberflächenversiegelung und infiltrationshemmende Bodenlagen. Wegen der eingeschränkten bis fehlenden Infiltration bildet sich wenig oder gar kein Bodenwasser, und zur Grundwasserneubildung wird kaum ein Beitrag geleistet. Hingegen ist der oberflächliche Abfluß stark erhöht, der zum großen Teil über die Kanalisation erfolgt und dadurch erheblich beschleunigt wird, weil die zeitliche Verzögerung zwischen Niederschlag und Abfluß geringer ist als außerhalb der Stadt. Abflußspitzen in der Kanalisation und in den anschließenden Vorflutern werden häufiger, die Sedimentbelastung nimmt zu, die Wasserqualität nimmt wegen der nicht erfolgten Bodenfiltration ab.

Die Ausnutzung städtischer Freiflächen und Grünflächen für die Grundwasserneubildung kann allenfalls nur dann möglich und erfolgversprechend sein, wenn Kontamination ausgeschlossen werden kann. Noch sind städtische Ökosysteme durch Luftverschmutzung und Abwasserlasten stark beeinträchtigt, um autochthone Beiträge zur städtischen Wasserversorgung zu erbringen; die Interaktionen zwischen belasteten Böden in der Nachbarschaft und den Böden unter Frei- und Grünflächen ist nicht auszuschließen.

Artenvielfalt auf verengten Verbreitungsarealen

Außerhalb von versiegelten Flächen hat sich in den urbanen Ökosystemen eine – gegenüber den ursprünglichen Bedingungen veränderte – angepaßte **Vegetation** entwickelt. Auf Freiflächen ist sie auch das Ergebnis von Aussaaten und Anpflanzungen, aus denen sich neue Pflanzengemeinschaften entwickeln. Für die Ökologie interessanter sind aber die spontanen Ansiedlungen, die auch mit der Verdrängung einheimischer Arten verbunden sind. Aus Untersuchungen in mitteleuropäischen Großstädten ist bekannt, daß zwischen 900 und 1400 Pflanzenarten erfaßt werden konnten. Die überraschend hohe Artenzahl erklärt sich durch die Vielfalt der auch sehr häufig wechselnden Standortbedingungen innerhalb der Stadt. Mit der individuellen Haltung von Kultur- und Zierpflanzen auf Balkonen und in Kleingärten sowie durch Handel und Verkehr haben zusätzlich auch weitere Arten ins Stadtgebiet Eingang gefunden.

Auffällig ist vor allem, daß Städte in der Gemäßigten Zone Ansiedlungsplätze für Arten aus wärmeren Verbreitungsgebieten geworden sind. Insgesamt ist in der Stadt das Verbreitungsareal für Pflanzen enorm eingeschränkt; eine Vielzahl einheimischer Arten ist nicht mehr vorhanden.

Die im einzelnen sehr schwer erfaßbare Heterogenität urbaner Böden mit unterschiedlichen, meist rasch wechselnden ökologischen Bedingungen wird durch die aktuelle Flora und Vegetation recht gut angezeigt. Aus darauf ausgerichteten Forschungsarbeiten ist für Mitteleuropa verallgemeinert zu entnehmen, daß

Pflanzen als Zeiger urbaner landschaftsökologischer Bedingungen

- wärmeliebende Arten und solche, die Trockenheit ertragen, zugenommen haben,
- im gleichen Maße sind Feuchtezeiger zurückgegangen,
- basische Bodenreaktionen liebende Pflanzen haben sich verbreitet, während Arten im mäßig sauren Bereich zurückgegangen sind.

Diese nach den Standortansprüchen geordnete Übersicht reflektiert recht eindrucksvoll die wesentlich landschaftsökologischen Bedingungen der Stadt: Die wärmeliebenden und die Trockenheit ertragenden Arten entsprechen den ungünstigen bodenhydrologischen Bedingungen und der höheren jährlichen Durchschnittstemperatur; der höhere pH-Wert der urbanen Böden (durch immitierte Flugasche und/oder karbonathaltige Bodensubstanz) wird durch entsprechende anspruchsvollere Pflanzen angezeigt.

Die in urbanen Ökosystemen vorkommenden Pflanzen und Ruderalgesellschaften korrelieren mit der Art der Flächennutzung und deren Intensität sowie mit dem Alter der für die Pflanzen zur Verfügung stehenden urbanen Standorte.

8.4 Aquatische Ökosysteme

Funktionale Beziehungen zwischen terrestrischen und aquatischen Ökosystemen

In der hier ausgeführten Thematik interessieren die Wasserkörper des Festlandes, die aquatischen Ökosysteme, nur insoweit, wie sie mit (terrestrischen) landschaftlichen Ökosystemen funktional verbunden sind. Dazu gehören Flüsse, Seen (nicht ohne Einschränkung), Moore und Sümpfe sowie vom Menschen geschaffene Gewässer. Seen, deren zunächst (theoretisch) leeres Becken sehr lange Zeit brauchte, um gefüllt zu werden, haben wenig Kontakt zu ihrer terrestrischen Umgebung. Stauseen, wo die Verweilzeit des Wassers im Becken kürzer ist, haben neben einer Vielzahl interner Austauschprozesse auch eine Reihe Prozeßbeziehungen zu ihren jeweiligen Einzugsgebieten.

Sehr eng sind die Beziehungen der Fließgewässer zu den landschaftlichen Ökosystemen ihres Einzugsgebietes: das hydro-physikalische Verhalten wird wesentlich durch Art, Umfang und Intensität von Niederschlag und Abfluß, der stoffliche Inhalt des Wassers und sein Metabolismus werden hauptsächlich durch die Materialzufuhr aus dem Einzugsgebiet bestimmt. Ein Fließgewässer wird deshalb vorwiegend von Prozessen aus terrestrischen Bereichen, also extern gesteuert. Ähnliches gilt für stehende Gewässer mit raschem Wasserdurchsatz.

Externe Flußsteuerung

Die Flüsse sind die „Drainagen“ der Landschaft. Die von den Gesteins- und Reliefbedingungen der durchflossenen landschaftlichen Ökosysteme mitbestimmte Fließgeschwindigkeit nimmt vom Quell- bis zum Mündungsbereich eines Flusses ständig, wenn auch nicht durchgängig gleichmäßig ab. Wo die Fließgeschwindigkeit groß ist, wie in den Gebirgen, können sich nur solche Pflanzen und Tiere halten, die der raschen Wasserbewegung gewachsen sind oder schützende Nischen zwischen den Steinen der Bach- oder Flußbettschotter finden.

Wechselnde Fließgeschwindigkeit und ihre Wirkung

Neben der photosynthetischen Eigenproduktion tragen einfallendes Laub und abgespülte Pflanzen zur Nahrungs- und Energieversorgung der konsumierenden Organismen im Fluß bei.

Mit der abnehmenden Fließgeschwindigkeit im Mittel- und Unterlauf läßt auch die Transportkraft des Wassers nach, was zur Ablagerung von Material mit Korngrößen geringer als bei Steinen, wie Kies, Sand, Schluff und Ton führt. Damit verbessern sich die Existenzbedingungen für höhere Wasserpflanzen. Zusammen mit dem Phytoplankton wird die flußinterne Stoffproduktion deutlich höher als der Input von organischer Substanz aus der terrestrischen Nachbarschaft.

Einwege-Stofftransport

Im Gegensatz zum Stoffkreislauf in Seen ist der Stofftransport im Fluß linear gerichtet. Solange Pflanzennährstoffe nicht im Überfluß vorhanden sind, werden sie im Fließvorgang wiederholt in Biomasse gebunden, freigesetzt und wieder erneut genutzt. Bei einem unbelasteten Fluß ist das der natürliche Prozeß der Selbstregulation bzw. der Selbstreinigung, was die Biologie des Gewässers nicht überfordert – das Ergebnis: klares Flußwasser.

Abwasser-Vorfluter

Neben den wichtigen Nutzungsformen der Gewässer zur Wasserversorgung von Siedlungen, Industrie- und Landwirtschaftsbetrieben, dienen vor allem Flüsse als Vorfluter und Klärgewässer für mehr oder weniger vorbehandeltes Abwasser. Vielfach ist die Wassernutzung, wenn sie den jeweiligen Ansprüchen genügen soll, wegen einer zu hohen Abwasserbelastung gefährdet. Hierfür sind Vorfluter im Einzugsbereich der karbochemischen Industrie, z. B. in NW-Sachsen, noch immer ein Negativbeispiel trotz einer Verbesserung gegenüber den schlimmsten Zuständen vergangener Jahrzehnte.

Aus urbanen und anderen weitgehend technogen geprägten Ökosystemen gelangen Schlamm, toxische Substanzen, pflanzliche Nährstoffe und organische Substanzen in den Vorfluter. Bei einem Übermaß an diesen Stoffen kann es zum Absterben oder zu einer Massenentwicklung von Biomasse – im letzteren Falle vor allem durch Algen – kommen. Der entscheidende Impuls für eine Massenentwicklung geht von den Phosphaten aus.

Sauerstoffgehalt und Selbstreinigung

Bei der biologischen Selbstreinigung wird Sauerstoff in einer Menge verbraucht, die der organischen Belastung äquivalent ist. Nur in einem bestimmten Umfange und bis zu einer bestimmten Grenze ist der verbrauchte Sauerstoff zu kompensieren, solange durch entsprechende Prozesse Sauerstoff wieder zugeführt werden kann. Ein Merkmal für ausreichenden Sauerstoffgehalt im Wasser ist das Vorhandensein von Fischen. Und solange diese ihre Existenz finden, wird angezeigt, daß das Gewässer nicht überlastet ist und als natürliche Drainage für landschaftliche Ökosysteme unter verschiedenen Formen der Nutzung und Inanspruchnahme fungieren kann.

Eine interessante Frage ist, wie lange Niederschlagswasser durch Boden, Sediment und Grundwasser „unterwegs" ist, ehe es in den das Einzugsgebiet entwässernden Fluß gelangt. Aus Erfahrungen in einem 20 km^2 großen Einzugsgebiet (Löß-Hügelland) - nach istopentechnischen Analyseverfahren - braucht das Wasser zwischen acht und zwölf Jahren. Dieser Tatbestand - so groß auch die ermittelte Zeitspanne ist - verdient im Hinblick auf die zeitliche Verzögerung von Verursachung und Wirkung anthropogener, den Wasserumsatz betreffender Eingriffe im Sinne von Spät- und Fernwirkungen Beachtung.

Literaturempfehlungen:
Im Hinblick auf die Beschreibung genutzter und belasteter landschaftsökologischer Systeme wird auf die Publikation folgender Autoren zur Kenntnisvertiefung und -erweiterung aufmerksam gemacht: *Hendinger* 1977, *Gellert* 1983, 1985, *Bramer* 1985, *Flohn* 1988, *Klotz* 1988, *Mahn & Stöcker* 1988, *Schultz* 1988, *Thomasius* 1988, *Uhlmann* 1988.

9. Anthropogene Eingriffe in den Landschaftshaushalt

Die vielfältigen Funktionen und Aktivitäten der menschlichen Gesellschaft und des einzelnen Menschen zielen auf die Sicherung der verschiedenartigen Lebensbedürfnisse ab. Daraus resultiert eine Vielzahl von Maßnahmen zur Nutzung, Umwandlung und Aufbereitung der naturgegebenen Substanzen und Energien zur Herstellung von Erzeugnissen mit Gebrauchswert. Diese entstehen durch den gesellschaftlichen Arbeits- bzw. Produktionsprozeß, der - im Zusammenhang mit der Konsumtion brauchbarer Erzeugnisse - zugleich auf die Natur und ihren Haushalt durch zum Teil sehr erhebliche Beeinflussungen und Veränderungen zurückwirkt. Es sind das die unbeabsichtigten **Nebenwirkungen**, die in die landschaftsökologischen Prozesse - häufig in dominierender Weise - eindringen. Sowohl lokal, regional als auch global sind sie neben den Naturbedingungen wesentliche und prägende Faktoren für die Entwicklung und den gegenwärtigen Zustand der Landschaft, der natürlichen Umweltbedingungen.

„Zivilisationsökologie"

Besonders in den letzten fünf Jahrzehnten ist in großen Teilen der Welt die Menschheit viel weiter als je zuvor über die naturbedingten Existenzgrenzen hinausgegangen. Dadurch sind viele - wenn auch regional unterschiedlich wirksame - natürliche ökologische Regulations- und Regenerationsmechanismen ge- und zerstört worden. Wissenschaft und Technik haben diese Entwicklung möglich gemacht; sie ist nicht allein im Sinne des Fortschritts zu werten, da sie auch lebensbedrohende Züge hat. Das erklärt die zunehmend intensivere Beschäftigung mit der „Zivilisationsökologie", die sich mit den ökologischen Problemen im Hinblick auf die Existenzbedingungen der Menschheit auf der Erde befaßt. (Hier sei vermerkt, daß im Zusammenhang mit der Wahrnehmung von Umweltproblemen und der Erkenntnis ihrer Verursachung eine Flut von Komposita mit „Öko . . ." entstanden ist und entsteht, die nicht aus wissenschaftlich begründeter Vertiefung oder Erweiterung, sondern auch aus einem gewissen aktuellen Opportunismus resultiert. Der bisher geübte solide Umgang mit Ökologie, Landschaftsökologie und Geoökologie und eventuell einigen berechtigten „Öko-Begriffen" möge jetzt und auch für die Zukunft ausreichen, damit nicht verwässert wird, was ernst zu nehmen ist und begrifflich Bestand haben soll.)

Nicht alle anthropogen-technogen verursachten und beeinflußten landschaftsökologischen Prozesse sind hier mit einem hinreichend zufriedenstellenden Informationsgehalt unterbringbar. Deshalb sind die folgenden Ausführungen, geordnet nach dem „Verursacher-Prinzip" auf einige, vor allem Mitteleuropa betreffende Prozesse konzentriert.

9.1 Energieerzeugung

Nach wie vor wird der Energiebedarf durch fossile Brennstoffe, Braun- und Steinkohle, Erdgas und Erdöl, bestritten. Zusätzlich werden Kernenergie und Wasserkraft dafür eingesetzt. Der noch immer hohe Anteil an fossilen Energieträgern, besonders der Braunkohle, ist mit weiträumigen Veränderungen verbunden, die zu erheblichen landschaftsökologisch relevanten Folgewirkungen geführt haben und auch noch führen.

9.1.1 Förderung fossiler Energieträger

Bereits im Zusammenhang mit der Förderung fossiler Energieträger treten – wenn auch mit unterschiedlicher Intensität, soweit es die verschiedenen Energieträger betrifft – einschneidende Veränderungen im Landschaftshaushalt auf. Das gilt besonders für die **Förderung von Braunkohle**, die gegenwärtig ausschließlich in Tagebaubetrieben vor allem in der Niederlausitz, in West-Sachsen, im Südosten von Sachsen-Anhalt, im Rheinland nordwestlich von Köln sowie zwischen Aachen und Düren und bei Helmstedt vor sich geht.

Noch ehe eine Tonne Braunkohle gefördert werden kann, beginnen im Vorfeld des Abbaus einschneidende Maßnahmen der Veränderung in der Landschaft: Devastierung land- und forstwirtschaftlicher Nutzflächen, von Siedlungen sowie Verlegung von Fließgewässern und Verkehrstrassen. Noch vor kurzer Zeit betraf das z. B. in den ostdeutschen Revieren durchschnittlich 3000 ha im Jahr.

Halde

Durch den Tagebauaufschluß werden die Decksedimente über und das „Zwischenmittel" zwischen den Flözen auf „Halde" geschüttet, d. h. auf eine ungestörte Landoberfläche aufgetragen, deren Stoff- und Energieaustausch gestört und damit verändert wird. Sobald durch den Abbau genügend Hohlraum geschaffen worden ist, werden Deckschicht- und Zwischenmittelsedimente darin verkippt. Damit entsteht eine neue Oberflächenform aus gemischtem Substrat, die Kippe.

Kippe

Die technogene Bildung von Oberflächenformen und Mischsubstraten in den Kippen setzt sich fort bis zur Beendigung des Kohleabbaus. Aus Erfahrungswerten von ostdeutschen Revieren geht hervor, daß zur Förderung von 1 t Braunkohle ca. 10 t Abraum und 6 m^3 Grundwasser gehoben bzw. abgepumpt werden müssen. Im weiteren Umfeld des Tagebaus entsteht ein weit gespannter Absenkungstrichter von Grundwasser. Daraus resultieren negative Folgen für grundwasserversorgte Vegetationsflächen, für die Wassergewinnung aus Brunnen und durch Unterschreitung eines gewissen (notwendigen) Mindestabflusses von Fließgewässern (s. Abb. 30). Bei mächtigen Grundwasserleitern treten durch die Absenkung Sackungen im Hangenden auf mit Auswirkungen auf Schäden an Gebäuden und Verkehrseinrichtungen.

Verhältnis Kohleförderung zu Abraumbewegung und zu Grundwasserhebung

Erfahrungsgemäß vergehen etwa fünfzehn Jahre, ehe eine Abraumhalde „zur Ruhe kommt". Während dieser Zeit bilden sich in dem Mischsubstrat allmählich Grundwasserhorizonte aus, deren Wasser an unterschiedlichen Hangpositionen austritt. Im Zusammenhang mit der Bildung von Grundwasserhorizonten kommt es zu Wasserausbrüchen, Hangrutschungen und zur Bodenerosion. Nur durch den rechtzeitigen Einsatz von Rekultivierungsmaßnahmen, vor allem Planierung der Halde, Auftrag von kulturfähigem Sediment und Begrünung, können diese Prozesse, besonders auch für die Umgebung, gemildert werden.

Dynamik von Abraumhalden

Tertiäre Abraummassen aus dem Hangenden und aus dem Zwischenmittel sind wegen ihres Schwefelgehalts in Form von Pyrit und Markasit, der durch Sickerwässer zu schwefliger und Schwefelsäure wird, vegetationsfeindlich. Meliorationsmaßnahmen bei solchen Bedingungen sind sehr arbeits- und kostenaufwendig; andererseits fördert die Vegetationsfeindlichkeit auch langzeitlich eine Vegetationslosigkeit, die die genannten Vorgänge im und am Haldenkörper nachteilig fördert.

Vegetationsfeindlichkeit tertiärer Abraummassen

Eine auf Wiedernutzbarmachung orientierte Rekultivierung sorgt für eine vegetationsfreundliche, kulturfähige Auflage auf den Mischsubstraten von Halden und Kippen. Das sind pleistozäne und holozäne Sedimente. Bei Anwendung nutzungsorientierter Rekultivierungsmaßnahmen entwickelt sich ebenfalls in etwa fünfzehn Jahren ein humoser Oberboden, d.h. in diesem Zeitraum ist aus einem technogenen Rohboden ein Ranker geworden.

Technogene Bodenbildung: vom Rohboden zum Ranker

Tagebaue sind nicht nur Bereiche lokal begrenzter, sichtbarer und ökologisch wirksamer Veränderungen der Landschaft, sondern sind auch ein bedeutender Einflußfaktor der Umgebung. Das

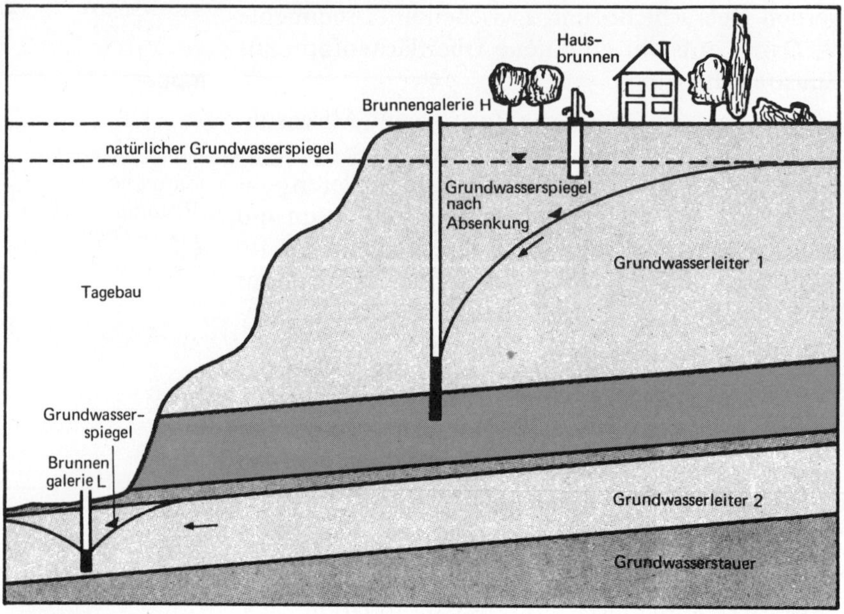

Abb. 30
Absenkung des Grundwassers durch den Betrieb eines Braunkohlen-Tagebaus.

Absenkungstrichter

betrifft Staubanwehungen von den vegetationsfreien Kippflächen und vor allem aber die Absenkungstrichter des Grundwassers, die 1975 in ostdeutschen Revieren eine Gesamtfläche von 2500 km^2 eingenommen haben. Im Jahre 1980 betrug die durch Braunkohlenbergbau gehobene Grundwassermenge im gleichen Gebiet 1,7 Mrd. m^3, was etwa 10 % des Abflusses auf dem Territorium der östlichen Bundesländer entspricht.

Fließgewässer in der Nähe von Tagebauen verlaufen häufig in abgedichteten Flußbetten, um das Eindringen von Wasser in den Tagebau zu verhindern. Damit wird allerdings auch die Kommunikation mit dem Grundwasser in der Nachbarschaft eingeschränkt bzw. unterbunden.

Rekultivierung zur Bergbaufolgelandschaft.

Tagebaurestloch

Ein auslaufender Tagebau hinterläßt eine „rohe Landschaft“, die mit der ursprünglich existierenden Landschaft überhaupt keine Ähnlichkeit hat. Durch gezielte Rekultivierungsmaßnahmen wird eine neue Landschaft, die Bergbaufolgelandschaft, entwickelt und gestaltet. In der Regel hinterläßt der Tagebau infolge des Massendefizits, das durch die Entnahme der Kohle entstanden ist, eine mehr oder weniger große Hohlform, das Tagebaurestloch. Mit dem Wiederanstieg des Grundwassers füllt es sich allmählich und wird wasserwirtschaftlich oder nach entsprechender Gestaltung für Erholungszwecke genutzt (s. Abb. 31).

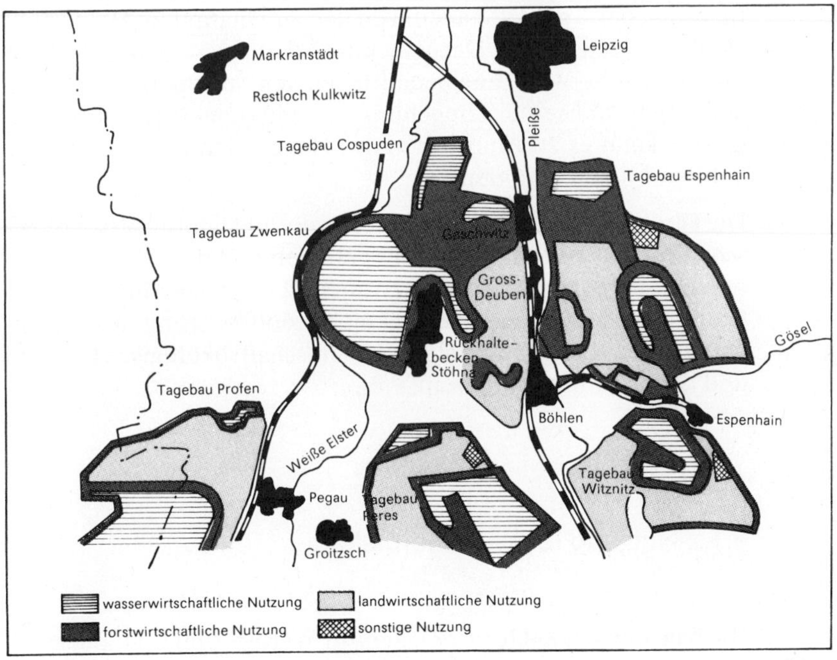

Abb. 31
Bergbaufolgelandschaft, die im Raum Leipzig/Altenburg entstehen wird.

Während des Tagebauaufschlusses und -betriebes wird Grundwasser abgesenkt bzw. gehoben (durch permanentes Pumpen); nach Beendigung des Tagebaubetriebes wird auch die Hebung des Grundwassers eingestellt. Mit dem förderungsbedingten Absinken sind häufig Bodensackungen und mit dem Wiederanstieg des Grundwassers nach Einstellung der Kohleförderung sind Bodenhebungen verbunden. In beiden Fällen werden davon Gebäude im Wirkungsfeld des Absenkungstrichters durch Schäden im Mauerwerk betroffen.

Bodensackungen

Bodenhebungen

Um das Ausmaß landschaftsökologisch wirksamer Veränderungen im Zusammenhang mit der Förderung von Braunkohle im Tagebaubetrieb quantitativ zu belegen, sei darauf verwiesen, daß in den ostdeutschen Revieren über 300 Mio. t/a - bis zur Restriktion 1990 - gefördert wurden. Unter Berücksichtigung, daß dafür das Zehnfache an Abraum bewegt werden muß, begreift man das Ausmaß der landschaftsökologisch wirksamen Veränderungen.

Steinkohleförderung

Die **Förderung von Steinkohle** erfolgt in Deutschland untertage in den wesentlichen Revieren Ruhrgebiet, Raum Aachen, Saarland und bei Ibbenbüren. Allein aus der Tatsache des Untertagebetriebs erklärt sich eine - im Vergleich zum Tagebaubetrieb der Braunkohlenförderung - geringere landschaftsökologische Beeinflussung; diese geht vor allem von den aufgefahrenen Halden aus „taubem Gestein" aus. Der Mineralgehalt des verkippten Gesteins und dessen Verwitterung beeinflussen den Stoffhaushalt im Haldenkörper und seiner Umgebung. Unmittelbar über den Kohlegruben kann es zu Einbrüchen des Hangenden über den ausgekohlten Flözen kommen.

Die **Förderung von Erdgas und Erdöl** beeinflußt landschaftsökologische Prozesse nur in einem sehr geringen und deshalb nicht lohnend beschreibbaren Ausmaß. Anders aber ist das Abfackeln von Erdgas in den Regionen verbreiteter Erdölförderung, wie besonders auf der Arabischen Halbinsel, landschaftsökologisch wirksam und daher zu werten (s. Kap. 9.8).

9.1.2 Nutzung fossiler Energieträger

Emissionen

Die **Nutzung von Kohle** in Anlagen zur Wärme- und Energieerzeugung ist mit Gas- und Staubemissionen verbunden. Das betrifft sowohl den Einsatz von Stein- als auch von Braunkohle, wobei letztere mit Abstand die höchsten Emissionswerte hervorruft. Der in der Kohle enthaltene Schwefel geht bei der Verbrennung in Schwefeldioxid (SO_2) über und wird in die Atmosphäre abgeleitet. Schwefeldioxid ist unter den gasförmigen Emissionen - neben dem Kohlenmonoxid und Stickoxiden - mengenmäßig am größten und verbreitetsten und somit ein Indikator für den Grad der Luftverunreinigung. Die Emissionen erfolgen in der Gegenwart aus Wärme- und Kraftwerken über sehr hohe Schornsteine, so daß sich die Immissionen über große Flächen verteilen. Nach *Dässler* (LEOPOLDINA-Meeting, Halle 1986) SO_2 verbreitet sich aus einer 110 m hohen Emissionsquelle bei einer Windgeschwindigkeit von 2–3 m/sec. aus Südwesten in 60 Stunden über ganz Mitteleuropa. Für ganz Europa gibt die OECD Schwefel-Emissionen von 34,5 Mill. t/a an.

SO_2 - Indikator für Luftverschmutzung

Im Jahre 1988 wurden in den heutigen östlichen Bundesländern über 5 Mill. t SO_2 und über 2 Mill. t Staub emittiert; das sind 48 t/km² SO_2 und 20 t/km² Staub.

Auch bei der Verwendung von **Erdgas und Erdöl** entstehen Schadstoffemissionen, so u. a. verschiedene Kohlenwasserstoffe und Schwefelwasserstoff (H_2S). Da H_2S nicht völlig umgewandelt werden kann, wird ein Teil als SO_2 emittiert.

9.1.3 Nutzung von Kernenergie

Es ist spätestens seit der Havarie im Kernkraftwerk Tschernobyl 1986 umstritten, ob die Nutzung der Kernenergie als Alternative zu den fossilen Energieträgern eine Zukunft hat. Befürworter meinen, Kernkraftwerke können so sicher gemacht werden, daß keinerlei Umweltbelastung zu befürchten sei. Beim gegenwärtigen Stand der Erfahrungen und Kenntnisse haben sich bisher wohl nur Havarien landschaftsökologisch ausgewirkt (s. Kap. 11.2).

Strahlungsquellen

Genaues weiß man über die ökologischen und gesundheitsschädigenden Auswirkungen des **Uranerzbergbaus**. Das betrifft in erster Linie die vor Ort tätigen Bergleute im Hinblick auf die Gefahr der Krebserkrankung. Uran-Folgeprodukte, Thorium-230, Radium-226 und das Edelgas Radon-222 sind Gefahrenherde aus den Abraumhalden. Radon ist Zerfallsprodukt des Uranerzes, steigt in Klüften und Spalten auf und entweicht ständig aus den Abraumhalden. Radium wird an Stelle von Calcium von den Pflanzen aufgenommen und kann auf diesem Wege in die Nahrungskette gelangen.

Im Juni 1946 begann der Uranerzbergbau im Erzgebirge in der Umgebung von Schneeberg und Johanngeorgenstadt in 9 Schachtanlagen. Der Abbau wurde so hektisch betrieben, daß die Vorräte zehn Jahre eher als vorgesehen Anfang der siebziger Jahre bereits erschöpft waren. Danach begann man mit dem Abbau bei Gera/Ronneburg übertage und bei Königstein im Elbsandsteingebirge untertage. Die weithin sichtbaren kegelförmigen Abraumhalden enthalten die genannten Uran-Folgeprodukte und sind deshalb eine erhebliche Umweltbelastung.

Bereits im Mittelalter begann im sächsischen Erzgebirge der Erzbergbau. Über 4000 km Gänge, Querschläge, Richtstrecken und Stollen haben das Gestein – einem „Schweizer Käse" ähnlich – perforiert. So manches Haus hat dort direkten Zugang zu den Schächten, aus denen Radon ausströmt und sich in den Kellern sammelt.

Emissionen aus Kernkraftwerken

In den **Kernkraftwerken** entstehende Radionuklide werden z.T. im Kreislauf, z.T. über Verzögerungsstrecken und Absorptionsstoffe geführt, ehe der verbleibende geringe Teil über die Schornsteine abgegeben wird. Wie auch bei anderen Emissionen entscheiden Schornsteinhöhe, Wetterlage und Windgeschwindigkeit über die Verteilung der gasförmigen Radionuklide. Etwa 1 bis 2 km vom Kernkraftwerk entfernt in der Hauptwindrichtung stellt sich im Boden die höchste Strahlenbelastung ein.

Abwasser aus Kernkraftwerken

Radioaktive Abwässer in sehr schwacher Konzentration entstehen aus dem Reaktor-Kühlwasser, die nach Dekontamination und Messung der Strahlenaktivität in den Vorfluter geleitet werden, ohne eine vorgegebene Konzentration zu überschreiten.

Wohin mit dem radioaktiven Abfall?

Noch immer in Diskussion sind die Standorte für die **Endlagerung von radioaktiven Abfällen**, die für geologische Zeiträume verwahrt werden sollen, so daß sie nicht in die Landschaft eindringen können. Dafür sind Salzstöcke am geeignetsten.

9.1.4 Nutzung der Wasserkraft

Wasserkraft ohne Schadstoffanfall, aber Landschaftsveränderung.

Energiegewinnung durch Wasserkraft ist besonders umweltfreundlich insofern, daß keine Schadstoffe entstehen, aber der Eingriff in den Landschaftshaushalt, besonders den Wasserhaushalt, ist doch bedeutend. Das beginnt mit der Ausdehnung der aufgestauten Wasserfläche auf Kosten anderer Landschaftselemente und setzt sich fort im Anstieg des Grundwassers in der Umgebung und mit einem erhöhten Anteil der Verdunstung am Wasserumsatz. Letzteres steigert sich in den niederen Breiten, wo ohnehin die Verdunstung hoch ist. In Gebirgsgegenden mit hohen Niederschlägen und sehr geringer Besiedlung sind Wasserkraftwerke mit ihren Stauseen besonders zweckmäßig und nachteilige Landschaftsveränderungen halten sich in ökologisch tolerierbaren Maßen. Als Beispiel dafür seien die in Kaskaden angeordneten Stauseen und Wasserkraftwerke an der Angara in Sibirien, u. a. Bratsk, und am oberen Jenissej angeführt.

9.2 Industrieproduktion

Vielfalt des stofflichen Outputs aus Industriebetrieben

Die industrielle Produktion ist von den verarbeiteten Materialien, von den Erzeugnissen und ihrer Herstellungsweise her so vielfältig, daß wahrlich nicht alle industriellen Produktionen hinsichtlich ihrer Einwirkung auf landschaftsökologische Prozesse beschrieben werden können; eine verallgemeinerte Darstellung ist deshalb erforderlich. Man rechnet damit, daß durch die Industrie über hundert verschiedene Substanzen in die Atmosphäre emittiert werden.

Schwefeldioxid, Stickoxide und Fluorverbindungen sind Säurebildner. Die Emission gasförmiger und fester Substanzen nach Art und Menge hängt im hohen Maße von der Verfahrenstechnologie

Emissionen ausgewählter Industriezweige:

Industrie	**gasförmige E.**	**Stäube**
Chemische Industrie	SO_2, SO_3, HCL, HF, Cl_2, H_2S, NO, NO_2 NH_3, Kohlenwasserstoffe, chlorierte Kohlenwasserstoffe, Ester, Ketone, Phenole, Amine, Merkaptane u. a.	Fluoride, Chloride, Phosphate, Metalloxide
Metallurg. Industrie	CO_2, SO_2, NO, H_2S, HF	Oxide von Schwermetallen und Aluminium, Flugkoks, Asche, Kohlepartikel
Zementindustrie	SO_2, CO, NO, NO_2	Leichtmetalloxide, Eisenoxid, Kohlepartikel
Glaserzeugung	SO_2, CO, HF	fluoridhaltige Stäube
Zellstoffindustrie	SO_2, H_2S, Merkaptane Geruchsstoffe	
Kunstseidenindustrie	CS_2, H_2S	
Kohleveredlung	SO_2, H_2S, Phenole, Kohlenwasserstoffe	Asche, Flugkoks, Kohlepartikel
Polyesterproduktion	Styrol, Lösemittel	

der Produktionsstätten ab. So besteht ganz gewiß ein Unterschied in der landschaftsökologischen Situation der Chemischen Industrie am Rhein und der an Saale und Mulde.

SO_2 in nahezu allen Industrieemissionen vertreten

Emissionen aus Industriebetrieben erfolgen häufig aus sehr großer Höhe, so daß eine weiträumigere Verbreitung stattfindet, die durch höhere Windgeschwindigkeiten begünstigt, durch Wetterlagen mit Inversion gehemmt werden kann.

Mit dem Anstieg der industriellen Produktion hat auch die Abgabe von Substanzen in die Landschaftssphäre zugenommen, was besonders für die Einleitung von Abwasser mit Beginn der 50er Jahre zutrifft. Die **Hauptkomponenten industrieller Abwässer** sind Nährsalze, abbaubare organische Stoffe, andere Salze, Trübstoffe, Detergentien, Phenole, polycyclische Aromate und vor allem toxisch wirkende Schwermetalle.

Organische Substanzen aus Industriebetrieben verhalten sich in ihrer Abbaubarkeit wie kommunale Abwässer (s. Kap. 9.4). Die Abwässer der Kaliindustrie sind besonders mit Salzen angereichert und haben vor allem einen hohen Chlorgehalt.

Besonders folgenreich für Landschaft und Mensch sind **Gehalte an Schwermetallen**. In Abhängigkeit vom Mineralgehalt des Gesteins kann der Schwermetallgehalt in Oberflächen- und Grundwasser geochemisch bedingt sein. Ein Beispiel hierfür ist das Erzgebirge,

Schwermetalle im Grund- und Oberflächenwasser ... geologisch bedingt

dessen Silber-, Blei-, Zink-, Zinn- und Eisenerze mit wechselnder Nutzungsorientierung seit dem Mittelalter abgebaut werden; zu ergänzen sind die Uranerze, deren Abbau Mitte der vierziger Jahre begonnen wurde (s. Kap. 9.1.3).

Drei Wege von Schwermetallinputs in die Gewässer

... und technogen bedingt

Technogene Schwermetalle gelangen über die Luft, durch Auswaschung aus dem Boden oder direkt in die Gewässer, wobei ein enger Zusammenhang von Wasser, Schwebstoffen und Flußsedimenten besteht: Das Gewässer erhält Schwermetalle direkt mit dem Abwasser, schwermetallhaltige Schwebstoffe können aus dem Abwasser stammen oder durch Adsorption und/oder Ausfällung im Wasser entstehen, eingespültes kontaminiertes Bodenmaterial oder abgelagerte Schwebstoffe erklären den Schwermetallgehalt im Flußsediment.

Quecksilbermetalbolismus zwischen Atmosphäre und Hydrosphäre

Unter den Schwermetallen ist **Quecksilber** ökologisch besonders gefährlich wegen seiner hohen Toxizität. Im Wasser ist es wenig mobil und unterliegt einer raschen Adsorption an Schwebstoffen und Sedimenten. Hohe Quecksilberkonzentrationen entstehen durch bakteriellen Umbau zu löslichen Verbindungen, die von wasserbewohnenden Organismen, z.B. Fische, aufgenommen und dort angereichert werden. Andere Quecksilberverbindungen sind im Wasser wenig löslich und sind leicht flüchtig und gelangen so in die Atmosphäre. Als Folge der Auswaschung von Schwefelverbindungen in der Atmosphäre durch den Niederschlag sinkt der pH-Wert in den Gewässern, was zu Veränderungen von organischen Quecksilberverbindungen führen kann, die zu einer sehr schädlichen Anreicherung im Gewässer führen können. Der Eintrag von Quecksilber in die Atmosphäre ist höher als der direkte Eintrag in die Gewässer.

Cadmium gelangt direkt mit dem Abwasser, durch Auswaschung aus dem Boden, vor allem bei Behandlung mit Klärschlamm und Phosphaten, oder über die Atmosphäre in die Gewässer. Es findet fast kein Umbau in organische Verbindungen durch Mikroorganismen statt, so daß Cadmium kaum in die Nahrungskette gelangt.

Über die Atmosphäre und von Rohrleitungen gelangt **Blei** ins Wasser und übt dort – noch nicht ganz geklärte – toxische Wirkungen auf Organismen aus. Blei reichert sich in Knochen, Nieren, Herz und Eiern von Fischen an.

Zink fällt bei der Kerzen- und Seifenproduktion und in galvanischen Betrieben an. Neben dem im Wasser gelösten Zink sind auch hohe Konzentrationen im Flußsediment enthalten. Höhere Konzentrationen beeinträchtigen das Wachstum von Fischen und höheren Wasserpflanzen.

Säuren und Laugen sind Abwasserinhalte von Zellwolle- und Kunstseidenfabriken, von Brauereien und metallverarbeitenden Betrieben.

Geringste Konzentrationen von Cyaniden, aus Kokereien und Galvanisierungsbetrieben, sowie von Arsen und Selen wirken toxisch. Phenole machen Fische ungenießbar und tragen bei hoher Belastung zur Vernichtung der im Wasser lebenden Organismen bei.

Toxische Wirkungen bei geringer Konzentration

Die landschaftsökologische Besonderheit von Schwermetallen besteht vor allem auch darin, daß die in das landschaftliche Ökosystem eingebrachten Schwermetalle nicht wieder daraus entfernt werden können, sondern sich - im Gegenteil - anreichern. Die Speicherung hängt von den sorptionsbestimmenden Eigenschaften, vor allem im Boden ab. Sobald der pH-Wert sinkt, werden an Ton-Humus-Komplexen und Al-Fe-Oxiden sobierte Schwermetalle mobilisiert und gelangen durch Auswaschung in Grundwasser und Vorfluter. Blei, Arsen und Quecksilber z.B. haben große Verweilzeiten und können in tierischen und menschlichen Organen gespeichert und toxisch sowie kanzerogen wirksam werden. Kupfer, Nickel und Chrom wirken wachstumshemmend auf Pflanzen und werden für Ertragsminderung bei Kulturpflanzen als Verursacher angesehen.

Schwermetalle mit hohem Beharrungsvermögen und langen Verweilzeiten

Schädlichkeit einiger Industrieabwässer

Äußerst schädliche Abwässer:

Phenole, Öle, Fette, Kraftstoffe, Teer, Beizwässer, Schwermetalle, Zellstoffabwasser, Kaliendlaugen

Stark schädliche Abwässer

aus Papierfabriken, Textilfabriken, Lederindustrie, Schlachtereien, Molkereien, Zuckerindustrie, Wäschereien, Brauereien, Brennereien

Teilweise schädliche Abwässer

aus Hüttenbetrieben ohne Beizerei, Zementfabriken, Bergbaubetrieben, Gemüse- und Ostkonservenfabriken

Weniger schädliche Abwässer

sind neutralisierte Abwässer, ausreichend mechanisch und biologisch gereinigte Industrieabwässer ohne Beeinträchtigung des Sauerstoffgehalts der Gewässer.

Landschaftsökologisch bedeutsam ist der Systemzusammenhang: Abwasser – Vorfluter – Grundwasser – Boden – Pflanze

9.3 Verkehr

Verkehrsbedingte Emissionen in Stadt und Land

Im Vordergrund der Betrachtung steht der Straßenverkehr, wobei zwischen dem Verkehr innerhalb von Städten, besonders Großstädten, und außerhalb derselben Unterschiede bestehen. In den Städten mit höherer Bevölkerungs- und Industriekonzentration überlagern und beeinflussen sich anthropogen-technogene landschaftsökologische Prozesse weitaus mehr als auf dem Lande, wo solche Überlappungen und Mischungen, z. B. zwischen dem Verkehr auf hochfrequentierten Straßen und landwirtschaftlich geprägten landschaftsökologischen Prozessen häufig lokal begrenzt, deshalb aber nicht unwirksam sind.

Abgasunterschiede Otto- zu Diesel-Motor

In der **Stadt** ist der Kraftfahrzeugverkehr häufig der bedeutendste Emittent von ökologisch wirksamen Schadstoffen. Deren Art und Menge hängen sowohl vom Motor, Otto- oder Dieselmotor, aber ganz besonders von der Fahrweise ab: Im Otto-Motor ist die Verbrennung im Leerlauf und bei niedriger Drehzahl unvollständig, so daß es zu einem erhöhten Ausstoß von Kohlenmonoxid und Kohlenwasserstoffen (C_mH_n) kommt. Die Abgase des Otto-Motors sind höher als die des Diesel-Motors, der mehr Ruß, SO_2 und organische Säuren emittiert.

Die vom Benzin und dessen Reaktionsprodukten herrührenden Abgase enthalten verschiedenartige organische Verbindungen, darunter aromatische Kohlenwasserstoffe mit dem kanzerogenen 3,4-Benzpyren. Kohlenmonoxid und Kohlenwasserstoffe sind die hauptsächlichsten Bestandteile in Autoabgasen; hinzu kommt noch Blei aus den Treibstoffzusätzen (inzwischen reduziert durch bleifreien Kraftstoff).

Mittlere Emissionswerte von Diesel- und Benzin- sowie von Flugzeug-Motoren (Triebwerk JT 8D):

Abgaskomponente	Flugzeug kg/Start	Benzin- kg/1000 l	Diesel-Motor 1 kg/1000 l
Kohlenmonoxid	10	274	7,1*
Kohlenwasserstoffe	6	24	16,4
Stickoxide (NO_2)	6	13,5	26,4
Schwefeldioxid	2,5	1,1	4,8
Organische Säuren		0,5	3,7
Aldehyde (CH_2O)		0,5	1,2
Feststoffe	2,5	1,4	13,2
Blei (mg/m^3 Abgas)	–	5–30	–
3,4-Benzpyren (mg/1000 l)		72	105

* wesentliche luftfremde und daher luftverunreinigende Stubstanzen

Der **Kohlemonoxidgehalt** in der Luft über Ballungsgebieten ist wegen der unvollständigen Verbrennung des Treibstoffes im Stadtverkehr (Otto-Motore) sehr hoch (s. Abb. 32). Zwischen CO-Konzentration und variierender Verkehrsdichte im Tagesgang besteht eine enge Korrelation. Die CO-Werte sind in der Stadt an Werktagen deutlich höher als an Wochenenden. Insgesamt hat die Emission von CO mit dem z.T. sprunghaft angestiegenen Autoverkehr drastisch zugenommen.

Variabilität der Autoabgase

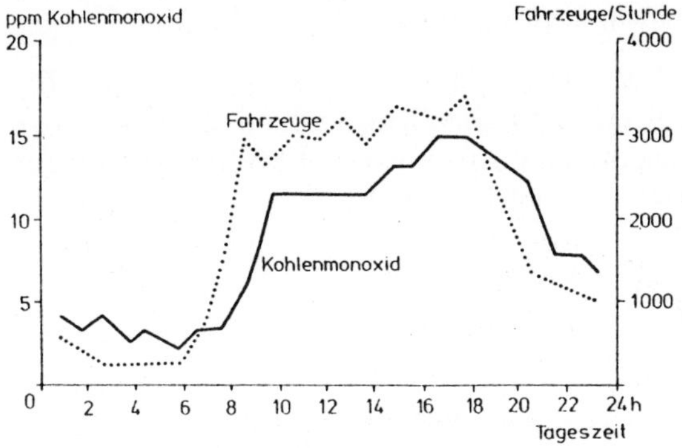

Abb. 32
Belastung urban-industrieller Ökosysteme.
Kohlenmonoxidkonzentrationen und Verkehrsdichte in der Straßenluft von New York. Die Korrelation zwischen Schadgas-Gehalt und Straßenverkehr ist unverkennbar (aus Grandjean und Gilgen 1973).

Der Kraftverkehr erzeugt etwa $^2/_3$ der gasförmigen Emissionen in der Stadt und ist bei $CO/C_mH_n/$und NO_x zu 80 bis 100% beteiligt.

An der zeitweiligen **Erhöhung des Ozongehalts** in der bodennahen Luft ist der Autoverkehr, wenn reichlich NO_2 und C_mH_n ausgestoßen werden, und die Sonnenstrahlung sehr intensiv ist, im hohen Maße beteiligt. Da sich NO_2 und C_mH_n auch über die Stadtgrenzen hinaus ausbreiten, kommt es zu einer Zonierung erhöhter Ozonbildung: Nachlassende Konzentration vom Stadtzentrum über Stadtrand, Vororte bis zu stadtferneren Bereichen. Im Zusammenhang damit steht der „Los-Angeles-Smog", der in sonnenscheinreichen Regionen, so z.B. in den Subtropen, durch photochemische Prozesse der Umwandlung von Stickoxiden zu Ozon bei austauscharmen Wetterlagen entsteht.

Autoabgase und bodennahes Ozon

Hemmende und fördernde Faktoren für den Bleigehalt in der Stadtluft

Der Ausstoß von **Blei** mit den Auspuffgasen korreliert - verständlicherweise - sehr eng mit dem Verkehrsaufkommen. Hohe Bleibelastungen in den Innenstädten kommen wegen der geringen Fahrgeschwindigkeit und dadurch bedingt durch einen hohen Benzinverbrauch zustande. Mit zunehmendem Abstand von den verkehrsreichen Straßen nimmt der Bleigehalt deutlich ab; Hecken und Gehölzstreifen haben abschirmende Wirkung.

Das „Benzin-Blei-Gesetz" hat sich positiv auf den Rückgang des Bleigehalts in der Luft ausgewirkt.

Blei wird in Form von Bleitetraäthyl als Antiklopfmittel dem Vergaserkraftstoff zugesetzt und gelangt als Bleihalogenid, Bleioxid und Bleikarbonat mit dem Abgas in die Luft.

Durch die hohe Zahl von Kraftfahrzeugen ist die Luftverunreinigung durch den städtischen Kraftverkehr recht hoch. Nach Berechnungen für eine Pkw-Anzahl von 11 Millionen entstehen im Jahr

10 000 000 t	Kohlenmonoxid
750 000 t	Stickoxide
1 000 000 t	Kohlenwasserstoffe
85 000 t	Schwefeldioxid
5 000 t	Blei.

Schwermetalle und Straßenstaub beeinträchtigen biologische Prozesse

Im **Straßenverkehr außerhalb von Siedlungen** werden Autoabgase durch den Fahrtwind und die umgebende Luft verdünnt. In der Nähe viel befahrener Straßen sind in Pflanzen und Boden Blei, Zink und Cadmium nachweisbar; in Pflanzen sind durch den abspülenden Regen die Gehalte geringer als im Boden, wo es zu einer Anreicherung von Schwermetallen kommt. Der aufgewirbelte und sich auf den Pflanzen absetzende Straßenstaub sorgt für eine Verringerung der Aktivität von Destruenten und der Primärproduktion.

Schädigung von Straßenbäumen durch Auftausalz

Die zunehmende Verwendung von **Auftausalz**, meist NaCl, schädigt auf die Dauer Straßenbäume dadurch, daß diese verspätet und mit immer weniger Zweigen austreiben und ihr Laub vorzeitig abwerfen. Das äußere Erscheinungsbild der betroffenen Bäume entspricht dem Befall mit einer Dürrekrankheit. Der Chlorgehalt in den Blättern im Frühjahr und Frühsommer ist ausschlaggebend für die Schädigung, die bei Nadelbäumen ausgeprägter ist.

Ein weiteres Indiz für die ökologischen Auswirkungen des Straßenverkehrs sind Verdrängung und Tötung von Wirbeltieren. An viel befahrenen Straßen geht die Käfer- und Spinnenfauna zurück.

Mineralöl und Ölprodukte gelangen bei unvollständiger Verbrennung über die Atmosphäre und - z.B. bei Verkehrsunfällen - direkt in Gewässer. Mit dem Wasser zusammen gibt es drei Bindungsformen: Lösung, Bildung von Ölhäutchen auf der Wasseroberfläche und Emulsion mit dem Wasser. Gelöste Kohlenwasserstoffe können, abhängig von ihrer Konzentration, toxisch auf Organismen wirken (Grenzwerte liegen für Benzol bei 5 mg/l und für Benzin zwischen 50 und 200 mg/l).

Unterschiedliche Bindungsformen mit Wasser mit verschiedenartigen ökologischen Wirkungen

Der Ölfilm auf der Wasseroberfläche verhindert den Gasaustausch zwischen Wasser und Luft. Öle verkleben die Spaltöffnungen von Wasserpflanzen, wodurch Atmung und Photosynthese gehemmt werden. Auch die Atmung der Fische wird durch den Ölfilm auf den Kiemen beeinträchtigt.

Soweit es sich um leichtflüchtige Kohlenwasserstoffe handelt, verdunsten sie rasch aus einer Öl-Wasser-Emulsion; der verbleibende Rest verklumpt und sinkt auf den Grund des Gewässers.

Gelangt Mineralöl in den Boden, so verändert sich die Zahl der für einen ungestörten Boden charakteristischen Mikroorganismen; sie nimmt ab. Gewissermaßen an die „frei werdenden Plätze" treten Bakterien und Pilze, die Kohlenwasserstoffe abzubauen vermögen. Auf Grund ihrer kurzzeitigen Vermehrung sind sie in der Lage, den eingedrungenen Kohlenwasserstoff abzubauen und damit den Boden zu entseuchen.

Im Boden ist Mineralöl abbaubar

Wenn Ölprodukte ins Grundwasser gelangen, ist dieses allein wegen des Geruchs (vor allem von Aromaten) als Trinkwasser nicht mehr geeignet.

9.4 Siedlungen und Haushalte

Die Stadt als Konzentrationsraum sozialökonomischer Funktionen für sich selbst und für ihr Umland wird landschaftsökologisch durch einen spezifischen und daher wohl auch unikalen Stoffumsatz geprägt (s. Kap. 8.3): Zufuhr von Nahrungsmitteln, Wasser, Energie und anderen für den Konsum benötigten Stoffen einerseits und Abfuhr von Abfall nach Konsum und Gebrauch der zugeführten Stoffe und Energien in Form von Müll, Abwasser und Abgas andererseits. Hinzu kommen Abgase, Aerosole und Staub des Verkehrs in der Stadt.

Input und Output im Stoffumsatz für eine Stadt in den USA mit 1 Mill. Einwohner pro Tag (in Tonnen)

Input		**Output**	
Wasser	625 000	Abwasser	500 000
Brennstoffe	9 500	Müll	2 000
davon			
Kohle	3 000	Luft-verunreinigung	950
Öl	2 800		
Erdgas	2 700	davon	
Benzin	1 000	CO	450
		SO_2	150
		Staub	150
		NO_X	100
		Kohlenwasserstoffe	100

(nach *Odzuck* 1982, S. 79)

Durch die Heizung mit fossilen Brennstoffen kommt es besonders in städtischen Siedlungen, vor allem aber in Großstädten zu erheblichen **Luftverunreinigungen**. Unter den gasförmigen Emissionen, die zu flächenhaften Anreicherungen führen, stehen in der „Rangliste" Schwefeldioxid (SO_2), gefolgt von Kohlenmonoxid (CO), Kohlendioxid (CO_2), Stickoxide (NO_2) und Kohlenwasserstoffe (C_mH_n) sowie Staub an der Spitze. Diese als „primäre" Emissionsinhalte bezeichneten Verbindungen und Feststoffe werden als „Leitsubstanzen" für die Beurteilung der Immissionsbelastung und für die Auslösung von Smog-Alarm gewertet. Unter direkter Beteiligung der primären Emissionselemente bilden sich sekundäre Belastungsstoffe, wozu vor allem die Photooxidantien (bodennahes) Ozon und Peroxiacetylnitrat (PAN) gehören. Letztlich ist auch der Smog als Gemisch verschiedener Emissions-/Immissionsprodukte hinzuzuzählen.

Primäre und sekundäre Emissionen und Immissionen

Die „Oberflächengestalt" der Stadt und ihre Gliederung in „Hohlformen" (Straßen- und Straßenzüge) und „Vollformen" (Gebäude, besonders Hochhäuser), die sehr häufig „klammartigen" Charakter haben, sorgt für eine differenzierte Ausbreitung der in der Stadt entstehenden Emissionen (s. Kap. 8.3). So sind die zentral gelegenen Stadtteile durch höhere SO_2-Immissionen belastet als die Randbereiche, in denen allgemein der Luftaustausch zunimmt, was zu einer Verdünnung der Schadstoffgehalte führt. Interessant ist in diesem Zusammenhang das Untersuchungsergebnis an Baumborken im Stadtgebiet von Frankfurt/Main: Abnahme des Schwefelgehaltes vom Stadtzentrum zum Stadtrand, verbunden mit einem Anstieg der pH-Werte. Das SO_2 wird in der Baumborke zu SO_3 oxidiert, woraus durch die Luftfeuchte Schwefelsäure entsteht.

Ganz allgemein kann davon ausgegangen werden, daß die SO_2-Konzentration in der Stadtluft eine Funktion der Siedlungsgröße sowie der Anwesenheit bzw. Abwesenheit von Betrieben der Schwerindustrie ist. Verminderte Konzentrationen treten dort auf, wo an Stelle von Kohle mit Gas geheizt wird; auch günstige meteorologisch-klimatische Bedingungen vermögen den Einfluß der Siedlungsdichte zu überdecken. Dort, wo die Luftströmung aus westlichen Richtungen (gilt für weite Teile Mitteleuropas) gehemmt wird, steigen die Konzentrationswerte.

Faktoren der Luftbelastung: Siedlungsgröße, Heizungsart, meteorologisch klimatische Exposition

Besonders im Zusammenhang mit SO_2-Emissionen entsteht bei entsprechenden atmosphärischen Bedingungen der „London-Smog“ (den es am Ort der Namensgebung möglicherweise gar nicht mehr bzw. zumindest nur noch in abgeschwächter Form wegen Umstellung der Heizungsgewohnheiten in den letzten Jahrzehnten gibt): Mit sinkender Temperatur kondensiert feuchte Luft an Staubteilchen und führt zur Nebelbildung. Unter Sonneneinwirkung reagiert SO_2 mit molekularem Sauerstoff der Luft zum Sulfat-Radikal, das SO_3 freisetzt, mit den Nebeltröpfchen entsteht daraus H_2SO_4-Aerosol. In einer solchen Smog-Situation, die letztlich auch eine bestimmte Wetterlage voraussetzt, reichern sich auch andere Emissionsstoffe in der Luft an. Das gilt im besonderen Maße für Hochdrucklagen in den Wintermonaten, wo wegen Temperaturinversion eine Schadstoffanreicherung in der bodennahen Luftschicht erfolgt.

London-Smog und seine Entstehung

Inversionslagen und niedrige Emissionsquellen

Die Konzentration von Schadstoffen in der Stadtluft erklärt sich auch aus der - im Vergleich zu Industrieanlagen - geringeren Höhe der unzähligen Emissionsquellen (s. Kap. 9.1 und 9.2).

Durch den hochfrequenten Verkehr innerhalb der Stadt entstehen hohe Staubkonzentrationen, die wegen der angelagerten Substanzen toxisch wirken können. Damit erhöht sich die Gefahr beim „London-Smog“ über die Anreicherung der nur gasförmigen Stoffe - vor allem für die Bewohner.

Städtischer Staubanfall

Ein besonders Problem sind **städtische Böden**, die aus sehr heterogenem Material - sowohl in der Vertikalen als auch im raschen Wechsel in der Horizontalen - entstanden sind. Im eigentlichen Sinne handelt es sich nur in ganz seltenen Fällen um Böden im wissenschaftlichen Verständnis, sondern um Sediment- und Gesteinsschichtungen, in denen echte Bodenbildungen eingeschlossen sein können (s. Kap. 8.3). Meist sind solche „Böden“ vergleichsweise stärker kalkhaltig, vor allem wenn sie Bauschuttlagen enthalten. Häufig sind außer dem Trümmerschutt Abfälle beigemischt, deren Zusammensetzung ebenfalls sehr stark vertikal und horizontal variiert. Mit der unbedachten Verkippung von Bau-

Urbane Böden und ihre Belastung

schutt und Abfällen sowie der sorglosen Ausbringung von flüssigen Substanzen ergeben sich auch unter inzwischen versiegelten Flächen im Stadtgebiet unerwünschte ökologische Folgen im Boden und Grundwasser. Das Stich- und Reizwort hierfür sind „Altlasten", die erst – und nicht nur unter städtischen Arealen – in den letzten Jahren als einen bedeutenden Teil der Umweltbelastung öffentliche und auch wissenschaftliche Aufmerksamkeit gefunden haben.

Altlasten in städtischen Böden

Soweit es im Stadtgebiet baufreie und durch städtisches Grün nicht oder noch nicht gestaltete Flecken gibt, entwickelt sich darauf eine **Ruderalvegetation**, die durch Tritt und Immissionen – je nach Lage und Fußgängerfrequenz – belastet ist.

Problematisch der Abbau von Hausmüll

In natürlichen landschaftlichen Ökosystemen wird die tote organische Substanz durch die verschiedenen Destruenten abgebaut, ohne daß sich diese Substanz anhäuft; lediglich die Bildung von Torflagen in Mooren ist darin eine Ausnahme. Anders ist das bei anthropogen-technogenen Ökosystemen mit unvollkommenen Kreisläufen und Ansammlung von verschiedenen Abfällen, wie sie durch den **Hausmüll** zustandekommen.

Erfahrungsgemäß ist der auf dem Lande anfallende Hausmüll pro Einwohner niedriger als in der Stadt, aber höher im Gewicht pro Raumeinheit als in Großstädten. Mit dem Aufkommen und der Verbreitung von Öl- und Gaszentralheizungen sowie durch neue Materialien in den Haushalten, z. B. Verwendung von Plaste, sind für die Müllentsorgung bedeutende Veränderungen eingetreten.

Hoher Stickstoff und Phosphatgehalt im Müll

Der Hausmüll ist reich an pflanzlich verwertbaren Nährstoffen, besonders an Stickstoff, und zeichnet sich in der Regel durch hohe pH-Werte zwischen 7 und 8 aus. Durch den Müll kommt es auch zur Anreicherung von Phosphaten.

Ungeordnete Deponien – ökologische Gefahrenquellen

Der Haus- bzw. Siedlungsmüll wird im allgemeinen auf ungestörten Bodenoberflächen deponiert, wofür Ödlandflächen bevorzugt werden. Landschaftsökologisch sehr problematisch sind spontan entstehende **ungeordnete Deponien** im Unterschied zu geordneten, nach vorausgegangener Standorterkundung ausgewählten Deponieflächen. Im Boden, auf den Hausmüll bei ungeordneter Deponie verkippt wird, herrschen aerobe Bedingungen, im Müllkörper hingegen anaerobe Bedingungen. Durch Abrollen am Hang bilden sich am Fuß der Deponie Ansammlungen von Grobmüll, durch den Luft in die Müllhalde eindringen kann, was häufig Schwelbrände mit Emissionen von Kohlenmonoxid, Kohlenwasserstoffen und Ruß zur Folge hat. Auch Oberflächenbrände treten häufig auf, wobei schon Glasscherben (als Brennglas) ein Feuer entfachen können. Die Beeinträchtigung der Umgebung ist allgemein größer als bei geordneten Deponien.

Geordnete Deponien zeichnen sich dadurch aus, daß sie mit Schutzvorkehrungen für die Deponiefläche - Boden, Bodenwasser und Grundwasser - und für die Umgebung verbunden sind. Diese sind nicht absolut und hängen vor allem davon ab, wie die Bedingungen zwischen Boden und aufsitzender Müllkippe gestaltet sind. Wenn diese Grenze nicht abgedichtet ist, kommt es zur vertikalen Perkolation von Sickerwässern, die mit Fremdstoffen in den Boden gelangen, von dort aus das Grundwasser kontaminieren können. Gewisse Reinigungseffekte treten bereits unmittelbar unter der Oberfläche der Müllkippe auf und sorgen so für eine ökologisch wirksame Barriere.

Geordnete Deponien – gemäßigte bis begrenzte ökologische Gefahrenquellen

Durch den hohen, zwischen 30 und 40% liegenden Anteil an organischer Substanz in den Müllkippen bestehen Möglichkeiten für die Emission gasförmiger Substanzen und wasserlöslicher organischer Verbindungen.

Die inzwischen mancherorts praktizierte **Müllverbrennung** löst das Problem der landschaftsökologisch verträglichen Müllentsorgung nur zum Teil. Zwar wird der Müll durch die thermische Aufbereitung bis Beseitigung weitgehend mineralisiert, so daß das Müllvolumen erheblich schrumpft, aber ein beachtlicher Teil des Müllinhalts geht als Emission vor allem von SO_2, C_mH_n, Chlor- und Flourwasserstoff sowie Staub in die Atmosphäre.

Müllverbrennung löst die ökologischen Probleme der Müllentsorgung nur unvollständig

Zu den Outputs aus städtischen Siedlungen gehört der nach Durchgang des Abwassers durch die Kläranlagen verbleibende **Klärschlamm**, der - was umstritten ist - wegen seiner reichhaltigen Pflanzennährstoffe als Dünger benutzt wird. Dieses Verfahren ist zwar im Sinne eines geschlossenen Kreislaufs attraktiv, aber nur insofern, daß zum Inhalt keine Schwermetalle und Krankheitserreger gehören; letztere werden auch in Kläranlagen nicht beseitigt. Infektionserreger, die mit dem Klärschlamm auf landwirtschaftliche Nutzflächen gelangen, finden sich in den Tierbeständen wieder; sehr eng ist die Korrelation zwischen Klärschlammeinsatz und Salmonelleninfektion von Rinderbeständen. Die Eier von Parasiten halten sich monatelang auf Pflanzen und im Boden.

Klärschlamm ist wegen seines Gehalts an Infektionserregern und Schwermetallen ökologisch fragwürdig

Bei kontinuierlicher Klärschlammzufuhr erfolgt eine allmähliche Anreicherung von Schwermetallen in der Ackerkrume.

Kommunales Abwasser setzt sich im allgemeinen aus genutztem Leitungswasser, Exkrementen, Wasch- und Bademitteln sowie aus Spülwasser aus der Küche zusammen. In kleineren ländlichen Gemeinden kommt Abwasser aus Molkereien und Metzgereien hinzu; lokale Einleitungen erfolgen aus Krankenhäusern. Die Abwasserbehandlung schafft zwar bedeutende Reinigungseffekte, aber einen gewissen verbleibenden Teil muß die **Selbstreinigung** der Vorfluter übernehmen.

Reinigung des Abwassers in Kläranlagen und durch Selbstreinigung im Vorfluter

Selbstreinigung ist Selbstregulation im Gewässer

Solange die **Selbstreinigungskapazität** nicht überfordert wird, werden hochmolekulare Substanzen zu niedermolekularen anorganischen Verbindungen mikrobiell abgebaut. Die dabei frei werdende Energie wird von den Mikroorganismen veratmet.

Kohlenhydrate, Eiweiß und Fett werden durch stoffspezifische Bakterien zu CO_2, H_2O, NH_3, H_2S und H_3PO_4 abgebaut. Zu berücksichtigen ist hierbei, daß die Bakterien das erste Glied in der Nahrungskette sind, deren - vorerst - letztes Glied ist der Fisch.

Die Selbstreinigungskraft ist bei ungeklärten Abwässern überfordert, weil das verschmutzte Wasser einen sehr hohen Sauerstoffbedarf der Destruenten erfordert. Damit geht der O_2-Gehalt im Wasser zurück, dem viele Organismen zum Opfer fallen. Dadurch entsteht eine Situation, in der sich anaerobe Bakterien so vermehren, daß zwar die restlichen organischen Stoffe abgebaut werden, aber H_2S und NH_3 entstehen, was schließlich zur Vernichtung aller Organismen führt. Durch den Wechsel vom aeroben zum anaeroben Gewässerzustand tritt eine irreversible Gewässerschädigung ein: das Gewässer ist ökologisch „umgekippt".

Einbuße von Selbstregulation

Eine Verminderung der Selbstreinigungskraft des Wassers ist die Folge von zu großen Abwassermengen, zu hohem Schwermetallgehalt mit toxischer Wirkung auf die Mikroorganismen und zu lange Reinigungsstrecken.

Sauerstoffmangel durch Phosphateintrag

Besonderen Einfluß nehmen **Phosphateinträge**, die meist durch Waschmittel zustandekommen, auf das Selbstreinigungsvermögen. Trotz voll ausgebauter Kläranlagen gelangen Phosphate mit dem Abwasser in die Vorfluter und sorgen für eine Eutrophierung der Gewässer, was mit einer Zunahme des Sauerstoffverbrauchs verbunden ist. Infolge des nicht mehr ausreichenden Sauerstoffs für die gestiegene Menge an Mikroorganismen sterben diese ab und sinken auf den Gewässergrund. Hier erfolgt ihr Abbau bei nochmals hohem Sauerstoffverbrauch, was zu einem weiteren O_2-Defizit führt.

Detergentien (Tenside) werden in den Spülmitteln zur Herabsetzung der Oberflächenspannung von Wasser und zur Schmutzlösung eingesetzt. Im Gewässer wirken sie schaumbildend und beeinträchtigen die Fischvermehrung.

9.5 Landwirtschaftliche Produktion

Technogene Veränderung bodenphysikalischer Eigenschaften

Die hochgradig technisierte Landwirtschaft betreibt den Acker- und Pflanzenbau auf rationelle Weise mit Traktoren, Maschinen und Geräten. Mehrmals im Jahr werden damit die Felder zur Bestellung, Pflege und Ernte befahren. Die Modernisierung und Rationalisierung hat als Nebenwirkung überall **Bodenverdichtungen** erzeugt, die um so tiefer reicht, je feuchter der Boden ist. Nur im Pflughorizont erfolgt immer wieder eine Auflockerung. Aus einem Intensiv-Obstanbaugebiet bei Dresden wird berichtet, daß Winteräpfel-Plantagen bis zu 36mal im Jahr befahren werden; die Bodenverdichtung reicht bis 40 cm Tiefe. Mit der Bodenverdichtung verringert sich das Sickervermögen von Niederschlagswasser, dafür verstärkt sich der oberflächliche Abfluß und mit ihm die Bodenerosion.

Die moderne Pflanzenproduktion erfolgt in anthropogenen Agro-Ökosystemen, in denen es nur wenige Primärproduzenten gibt. Durch einen hohen Energie- und Stoffeinsatz wird dieses offene Agroökosystem stabil gehalten und gegen Konkurrenten geschützt.

Überdüngung

Die Energiezufuhr erfolgt zwischen 30 und 50% durch **Mineraldünger**, der wiederum zu mehr als 70% Stickstoffdünger ist. Auf Grund der Stoffentnahme durch die Ernte ist die Düngung für die Reproduktion der Bodenfruchtbarkeit notwendig. Das Problem in landschaftsökologischer Sicht entsteht dadurch, daß „überdüngt" wird, d. h. es wird mehr an Dünger zugeführt, als die Pflanze braucht und in Abhängigkeit von der Zeit aufnehmen kann. Der nicht aufnehmbare Rest, das trifft besonders auf den sehr mobilen **Nitrat-Stickstoff** zu (s. Kap. 8.2), gerät mit dem Sickerwasser in das Grundwasser. Die Wiederauffüllung des Bodenwassers nach der sommerlichen Austrocknung erfolgt in der kühlen und kalten Jahreszeit, also nach der Vegetationsperiode. Diese Zeit ist für Auswaschungen nicht aufgenommener Pflanzennährstoffe, die durch Düngung zugeführt wurden, besonders problematisch. Das Problem reduziert sich je höher die Wasserkapazität des Bodens ist.

Grundwasserkontamination – in den Wintermonaten besonders problematisch

Bei steigendem Nitratgehalt im Boden ist der mikrobielle Abbau überfordert, weil zum anderen die dafür benötigte organische Substanz aufgebraucht wird. In diesem Zusammenhang spielt die **Gülle** eine besondere Rolle, die in den letzten Jahrzehnten zunehmend Stallmist und Jauche wegen der strohfreien Tierhaltung ersetzt hat. Mit der strukturellen Veränderung der landwirtschaftlichen Produktion hat auch die Spezialisierung zugenommen, d. h. ganze Betriebe sind auf Viehhaltung (sog. Veredlung) speziali-

Nitratanreicherung durch Gülle begünstigt durch Großanlagen der Tierhaltung siert, so z. B. in Süd-Oldenburg, und haben einen hohen Gülleanfall. Zwar ist die Gülle ein sehr hochwertiger Dünger; das Problem besteht allein in der ausgebrachten Menge nach Ort und Zeit, abgesehen von der anhaltenden Geruchsbelästigung. Nur etwa ein Drittel des in Gülle, Stallmist und Jauche enthaltenen Stickstoffs wird durch die Pflanze verwertet.

Ammoniakgas aus Mastanlagen

In Ostdeutschland gab es bis vor zwei Jahren an drei Stellen Schweinemastanlagen mit einem Besatz von ca. 200 000 Tieren je Anlage. Allein die Exhalation von Ammoniak-Gas hat dafür „gesorgt", daß in einigen hundert Metern in der Umgebung die Vegetation eingegangen ist, obwohl die benachbarten Gehölzflächen als Dämmfunktion gegen Geruchsbelästigung gedacht waren.

Die Geruchsbelästigung ist nur der wahrnehmbare Teil des Problems, das ökologisch - im wahrsten Sinne des Wortes - viel tiefgreifender ist, nämlich durch die Kontaminationsgefahr für das Grundwasser.

Außer der Nitratauswaschung des Bodens in das Grundwasser, spielt der **Phosphateintrag** in Oberflächengewässer eine bedeutende Rolle. Im Unterschied zum Stickstoff wird Phosphor wegen seiner starken Bindung an die Sorptionskomplexe im Boden so gut wie nie ausgewaschen. Sein Eintrag in Oberflächengewässer hängt aufs engste mit der Bodenerosion zusammen, vor allem nach Starkregen. Die Verminderung der Bodenerosion ist auch in dieser Hinsicht von landschaftsökologischer Bedeutung, auch wenn die Gewässerbelastung durch Phosphat nur zu einem vergleichsweise geringen Teil aus der Landwirtschaft stammt (s. Kap. 9.4). Es ist aber ein Initialfaktor für eine Eutrophierung der Gewässer, ein Export von Bodenfruchtbarkeit an den falschen Ort.

Die bereits erwähnte Ausschaltung von Konkurrenten in der landwirtschaftlichen Pflanzenproduktion wird nicht allein durch Düngemaßnahmen gewährleistet, sondern auch durch Bekämpfungsmittel, durch den Einsatz von **Bioziden**.

Biozide zur Ausschaltung der Konkurrenz

Selektion der Ackerunkräuter

Dazu gehören die **Herbizide**, die zu 95 % organische Verbindungen sind; sie haben die mechanische Unkrautbeseitigung weitgehend abgelöst. Bei mäßigem Einsatz werden Herbizide im Boden mikrobiell abgebaut, bei zu häufigem Einsatz kommt es zu einer Anreicherung. Die Unkrautbeseitigung durch Herbizide ist im Hinblick auf eine totale Ausschaltung konkurrierender Unkräuter zugunsten der Kulturpflanzen nicht gelungen; denn mit dem Herbizideinsatz ist es zu einer Selektion resistenter Unkräuter gekommen. Dazu gehören u. a. Kamille- und Taubnesselarten, Windhalm, Rispengras, Quecke und Flughafer.

Eine andere Art von Bioziden sind die **Fungizide**, die zum unmittelbaren Schutz des Ernteprodukts und vorbeugend gegen Pilzbefall eingesetzt werden. Besonders im Obst-, Wein- und Hopfenanbau werden Fungizide eingesetzt; ohne sie ist eine ertragreiche Produktion nicht mehr denkbar. Gefahren gehen vom anteiligen Quecksilber aus, das sich von gebeiztem Saatgut ausgehend im Boden anreichern kann. Inzwischen ist der Einsatz von quecksilberhaltigen Fungiziden verboten, nachdem man z. B. in Schweden Verluste bei Raubtieren und Greifvögeln nachweisen konnte. Auch in den Eiern einiger Vogelarten konnten neben anderen Bioziden ebenfalls Fungizide festgestellt werden.

DDT – hilfreich und schädlich

Unter den **Insektiziden** dominieren chlorierte Kohlenwasserstoffe und organische Phosphorverbindungen. Am wohl bekanntesten ist **DDT** (Dichlordiphenyltrichloräthan) als Schädlingsbekämpfungsmittel, in Deutschland inzwischen verboten, aber z. B. zur Bekämpfung der Malaria noch in Gebrauch. DDT ist zwar anfänglich nicht bzw. nur gering toxisch, aber verfügt über eine hohe Persistenz und ist wegen seiner Fettlöslichkeit auch in den Fettgeweben von Mensch und Tier sowie auch in der Milch enthalten. Rückstände von DDT sind inzwischen weltweit und sogar im Eis der Antarktis festgestellt worden. Für mögliche Gesundheitsschädigungen gibt es noch keine gesicherten Erkenntnisse.

Durch den enzymatischen Umbau des DDT zu einem ungiftigen DDE (Dichlordiphenyldichlorethen) sind einige Insektenarten gegen DDT resistent geworden.

Die Biozide sind zu einem großen Teil **chlorierte Kohlenwasserstoffe** (CKW), die im Boden eine lange Verweilzeit haben. Die Löslichkeit in Wasser ist unterschiedlich; einige CKW sind gut löslich. Oftmals gefährlicher, weil giftiger sind CKW-Metaboliten und CKW-Gemische, die bei gleichzeitigem Einsatz verschiedener Biozide zustandekommen können. Besonders intensiv ist Einsatz von CKW im Obstbau, wodurch der Gehalt an Insektiziden im Obstbau zunimmt. Die im Zusammenhang mit einer Obstbauplantage bei Dresden (s. o.) erwähnte bis zu 36malige Befahrung zwischen den Baumreihen ergibt sich aus den häufigen Spritzungen der Obstbäume, deren Existenz 15 bis 20 Jahre dauert - die Spritzfrequenz in dieser Zeit ist frappierend, aber nur gut ausschauende Äpfel werden vom Kunden angenommen!

DDT in der Nahrungskette

CKW werden über die Nahrungskette weitergegeben und können bei direkter und häufiger Einwirkung auf die Pflanzen physiologische Prozesse stören und Nekrosen an oberirdischen Pflanzenteilen auslösen. Die Breitenwirksamkeit von Insektiziden trifft auch nützliche Insekten, so auch die für die Pflanzenbestäubung wichtige Honigbiene. Dagegen ist die Stubenfliege eine von den Insektenarten, die gegen die Anwendung von DDT immun ist.

Gefährung von Vogelarten über die Nahrungskette

Vögel, die sich von Insekten oder von Körnern ernähren, können vom Biozidinhalt ihrer Nahrung sterben. Greifvögel, am Ende der Nahrungskette, sind in gleicher Weise beim Verzehr CKW-verseuchter Nahrung gefährdet. Zwischen dem Rückgang fleisch- und fischverzehrender Vogelarten (geringe Fortpflanzung) und Gebieten, in denen CKW eingesetzt wird, besteht eine enge Korrelation. Auch Milch und Fleisch von Haustieren können CKW enthalten, was sich in der Sequenz der Nahrungskette auch auf den Mensch und da besonders auf Säuglinge und Kleinkinder wegen des hohen Milchkonsums auswirken kann.

„Wiesen – Produkt der Sense"

So wie Ackerflächen durch anthropogen-technogene Veränderungen des natürlichen landschaftlichen Zustandes entstanden sind und durch eben solche Eingriffe erhalten werden, gilt das auch für die anderen landwirtschaftlichen Nutzflächen, die Wiesen und Weiden, zusammenfassend als **Grünland** bezeichnet. Nach der Rodung von Waldflächen zum Zwecke der Grünlandentstehung werden die **Wiesen** in Mitteleuropa nur durch die alle Jahre wiederkehrende Mahd erhalten. Diesem intensiven Eingriff, verbunden mit einer Artenselektion, sind alle Arten ausgesetzt, nur die mahdresistenten, im Verlaufe der Entwicklung zu mahdresistenten Arten gewordenen Pflanzen überstehen die Prozedur besser. Durch diesen Selektionsprozeß sind sie zu Charakterarten geworden.

Mahdbedingte Artenselektion

Mähwiesen müssen gepflegt, d. h. auch gedüngt werden, um den Stoffentzug durch die Mahd zu kompensieren. Damit folgt ein weiterer Selektionsprozeß und das Auftreten neuer Arten: An die Stelle von Arten der Magerwiese treten dann hochwertigere Futterpflanzen, die vor allem zum Pflanzenbestand der Glatthaferwiesen gehören.

Durch das Weidevieh beeinflußter Pflanzenbestand

Eine andere Nutzungsform von Grünland ist die **Weide**. Hier sorgen Biß und Tritt für eine bestimmte Selektion von Pflanzenarten, deren Bestand, abweichend von der Mäh- oder Heuwiese, sich durch eine reduzierte Artenzahl, geringere Bestandshöhe und andersartigen Pflanzenbestand – weniger Gräser, mehr Kräuter – unterscheidet.

Gefahren und Folgen der Überweidung

Viehweiden im Gebirge oberhalb der Waldgrenze sind durch Viehtritt, besonders in hängigen Lagen, in ihrer Erhaltung vor allem bei zu starker Beweidung gefährdet. Sobald die Pflanzendecke lückig wird, setzt die Bodenerosion ein, zumal in den Hochlagen die Verdunstung zugunsten des Abflusses stark gedämpft ist.

9.6 Tourismus

Häufigere und längere Freizeit in den Industriestaaten, merklich verbesserte Verkehrsmöglichkeiten, besonders durch den enorm angestiegenen Individualverkehr sowie das zugenommene Bedürfnis, den Städten, besonders in Ballungsgebieten, wenigstens zweitweise zu entfliehen, haben den Tourismus anschwellen lassen. Trotz weltweit möglicher Erholungs- und Urlaubsziele kommt es zu Konzentrationsgebieten, u. a. in Europa, die vom Massentourismus hochfrequentiert werden. Aus landschaftsökologischer und den Umweltschutz betreffender Sicht sind es – verständlicherweise – die von den natürlichen Bedingungen her attraktivsten Gebiete. Das sind ausgedehnte, durch Artenvielfalt ausgezeichnete Wald- und Forstgebiete, Gebirge mit wechselvollen und reizvollen Höhen- und Reliefunterschieden, unterschiedlichem Bewuchs und guten Aussichtsmöglichkeiten sowie die Strände und Ufer von Meeren und Binnenseen.

Tourismuskonzentration in reizvollen Landschaften ...

.. mit zunehmendem landschaftsökologischen Einfluß

Aus eben dieser landschaftsökologischen und umweltschützenden Sicht ist diese Entwicklung schon jetzt und für die Zukunft – wenigstens partiell – problematisch. Das bezieht sich auf

- beabsichtigte, weil geplante Veränderungen landschaftlicher Ökosysteme durch der touristischen Attraktivität dienenden infrastrukturellen Maßnahmen und Anlagen,
- ungewollte, langzeitlich wirkende Veränderungen durch verschiedenartige Erholungsaktivitäten.

Interessant ist auch die Tatsache, daß sich durch die gestiegene individuelle Mobilität auch neue Möglichkeiten der aktiven Erholung bieten. So z. B. machen Flachländler, in deren Heimat kaum Wintersportmöglichkeiten bestehen, Winterurlaub im Gebirge, oder Binnenländer aus seenarmen Gebieten betreiben anderswo Wassersport.

Höhere individuelle Mobilität zur Freizeitgestaltung fördert die Entwicklung neuer Freizeitaktivitäten

Die Begeisterung des Menschen zum Kontakt zur Natur ist – wegen des Massencharakters dieser Begeisterung – inzwischen lokal und regional landschaftsökologisch zu einem bedeutenden Problem geworden:

Das beginnt mit der **Trittfrequenz** der Wanderer, die den Boden, die Vegetation und – im Zusammenhang damit – auch die Tierwelt beeinflussen und belasten. Bei sehr hoher Begehung stellt sich eine andersartige Pflanzengesellschaft, eine „Trittrasen-Gesellschaft", ein; es entstehen auch vegetationsfreie Stellen, die zunehmend für Bodenerosion disponiert sind. Allein mit der zunehmenden Annäherung an die Auto-Parkplätze und Wanderwege werden die „Trampelpfade" breiter.

Mechanische Belastung von Pflanzen und Boden

Chemische Belastung von Pflanzenwuchs und Boden

Die oftmals noch zu beobachtende Unbekümmertheit auf Wanderwegen und Lagerplätzen führt auf die Dauer zu einer **Eutrophierung** durch Abfälle und Fäkalien. Sie entsteht durch eine ansteigende Zufuhr von Stickstoff und Phosphor, wodurch der pH-Wert ansteigt, was schließlich auch auf eine nitrophile Vegetation hin tendiert, abgesehen von direkten Einwirkungen auf Pflanzen. (Noch gegenwärtig zeigen Brennesselfluren an, wo Fäkalien aus Burgen ihre „Entsorgung" gefunden haben.)

Ökologische Veränderungen durch Waldbrände: Naturstoffhaushalt; Sekundärvegetation

Unachtsamkeit ist häufig die Ursache für **Waldbrände**, abgesehen davon, daß es z. B. in Südfrankreich durch besondere Bedingungen aus „beinahe" naturbedingten Gründen zu Waldbränden kommt. In Abhängigkeit von den klimatischen Gegebenheiten ist die Wirkung von Waldbränden unterschiedlich zu beurteilen: Während die Vegetation geschädigt bis vernichtet wird, werden pflanzenverfügbare Nährstoffe freigesetzt. In reinen, kaum oder gar nicht bewirtschafteten Waldgebieten sind Waldbrände häufig, z.T. auf riesigen Flächen verbreitet. Ohne anthropogenes Zutun stellt sich danach ein Sekundärwald ein, der unter Nutzung der in der Asche mineralisierten Nährstoffe recht bald „frohwüchsig" wird – anders als im Tropischen Regenwald, der nur „von sich" lebt (s. Kap. 8.1.3 c).

Ökologische Folgen des Wintersports

In den letzten Jahrzehnten ist es zu einer erheblichen Ausbreitung – räumlich und frequentiell – des **Wintersports**, besonders des Skisports gekommen. Da die vorhandenen waldfreien Flächen dafür nicht ausreichten, sind Waldrodungen vorgenommen worden. Die Planierung der Skipisten und deren ständige Befahrung „paust" sich auf die Dauer durch die Schneedecke durch, so daß sich eine Veränderung in der Vegetationsdecke und Schädigung des Bodens als Folge ergibt. Durch den hochfrequenten Wintersport an dafür geeignetem und geeignet gemachtem Gelände wird das Wild auf verbleibende Waldflächen verdrängt; dort kommt es durch das Hochwild zu verstärkten Verbiß- und Schälschäden.

Mit der Vernichtung der Pflanzendecke und des im Gebirge meist flachgründigen Bodens wachsen die Gefahren für Bodenerosion, Hangrutschungen und sogar Murenbildungen; das gilt im besonderen für solche Höhenlagen, die von Natur dafür morphodynamisch disponiert sind (s. Kap. 6).

Die durch den Massentourismus entstandene und sich weiterhin entwickelnde **Infrastruktur** trägt dazu bei, Landschaften zu verändern: In den Touristenzentren haben sich in den letzten Jahrzehnten die bebauten Flächen, Gebäude und Straßen, erheblich ausgeweitet. Je größer diese Flächen sind, um so mehr sind sie landschaftsökologisch urbanen Ökosystemen und deren besonderen landschaftsökologischen Prozessen ähnlich bis gleich (Emissionen aus Schornsteinen und von Kraftfahrzeugen). Gefördert wird das besonders in Tallagen mit Kaltluftseen und Inversionen (s. Kap. 8.3, 9.3, 9.4).

9.7 Hydrotechnische Maßnahmen

Die Umgestaltung der Gewässer des Festlandes durch den wirtschaftlich tätigen Menschen hat eine sehr lange Geschichte. Längst sind die Binnengewässer, vor allem die Flüsse so reguliert, daß sie der Wirtschaft und dem Verkehr dienen. Bereits im vergangenen Jahrhundert sind im großen Stil hydrotechnische Maßnahmen durchgeführt und entsprechende Anlagen geschaffen worden. Der natürliche Fluß in seinem anthropogen ungestörten Lauf ist z. B. in Mitteleuropa längst von dem regulierten Fluß abgelöst worden.

Obwohl die von Gewässern auf dem Festland eingenommene Fläche im Vergleich zur festen Landfläche klein ist, spielt sie im Landschaftshaushalt eine sehr bedeutende Rolle (s. Kap. 8.4). Das erklärt sich aus der dynamischen und funktionalen Wechselbeziehung mit den terrestrischen Ökosystemen über Abfluß, Sicker- und Grundwasser einschließlich der darin integrierten Stoffumsätze.

Die **Regulierung von Flußläufen** ist zumeist ökonomisch bestimmt und zielt - bereits von alters her - auf die Beseitigung der Überschwemmungsgefahr hin, späterhin sind die Sicherung der Wassernutzung für Trink-, Brauch- und Bewässerungswasser sowie die Nutzung der Wasserkraft hinzugekommen.

Zähmung der Wildbäche

Die Regulierung beginnt in den Gebirgen, besonders in Hochgebirgen, mit der **Wildbachverbauung**, wobei der Wasserlauf in zahlreiche Stufen aufgegliedert wird, um bei erhöhtem Abfluß Erosion und Transportkraft zu mindern sowie benachbarte Flächen vor Zerstörung zu schützen. Ohne diese Verbauung wächst die Gefahr der Vermurung, die katastrophal für Landschaft und Siedlung unterhalb werden kann.

Regulierungsmaßnahmen in den Oberläufen dienen der Beschleunigung des Abflusses, um starke Gebirgsniederschläge gefahrlos abzuführen, falls nicht auch Stauanlagen (Nutzung der Wasserkraft) dafür vorgesehen sind. Im Mittel- und Unterlauf sind gleiche Regulierungen notwendig, wenn auch unter Berücksichtigung verschiedenartiger Bedingungen, z. B. Verkehrsnetz, die in dem Maße in den Oberläufen nicht vorhanden sind.

Flußlaufverkürzung

Die **Beschleunigung des Abflusses** wird durch Laufverkürzungen des Flusses erreicht. Im natürlichen Zustand bestehen die Flußläufe aus Mäandern, die in einer breiten Talsohle (Talaue) ausgebildet sind und die zeitweilig überschwemmt wird. Mit der Verkürzung des Flußlaufs werden die Mäander durchschnitten, die Flußschlingen werden gekappt. Mit der erhöhten Fließgeschwindigkeit wächst die Erosionsleistung, wodurch das Flußbett vertieft wird.

Die abgeschnittenen Mäander werden zu Altwasserarmen, die mehr oder weniger rasch verlanden, aber im frühen Stadium ihrer Entwicklung ökologische Nischen von divers strukturierten Biotopen darstellen (s. Kap. 6).

Ökologisch bedeutsame Veränderungen in der Talaue

Mit der **Vertiefung des Flußbettes** sinkt in der Umgebung der Grundwasserspiegel dadurch, daß – mit Ausnahme bei Hochwasser – ständig Grundwasser an den Fluß abgegeben wird. Mit dem größer werdenden Abstand zwischen Talsohle und Wasseroberfläche des „kanalisierten" Flusses entsteht die Auenterrasse, deren bisher hydromorphe Böden eine anhydromorphe Dynamik bekommen. Eine totale Veränderung erfährt die vom Grundwasser versorgte Vegetation, die vor allem den artenreichen Baumbestand des Auewaldes betrifft (s. Kap. 6).

Für die Regulierung von Flußläufen und deren ökologische Konsequenz sind die hydrotechnischen Maßnahmen im **Oberlauf des Rheins ein beispielhafter Fall**: Vor der beginnenden Regulierung im Jahre 1817 war der Rhein ein wilder, „sich selbst überlassener" Strom, der in seiner 4 bis 5 km breiten Talaue hin- und herpendelte und in mehreren, wechselnden Flußläufen mit geringer Geschwindigkeit nach Norden floß. Sein Lauf wurde von Altwasserarmen, Inseln und artenreichen Auewäldern begleitet. Weite Überschwemmungsgebiete fingen zwar einen Teil des alljährlich einsetzenden Hochwassers auf, waren aber zugleich Brutplätze für krankheitserregende Mückenschwärme. Die Einleitung der Zuflüsse aus den Alpen in Seen der Alpenvorlandes und in Stauseen erweiterten den Wasserrückhalt, wodurch eine merkliche **Verminderung von Hochwasserspitzen** erfolgte. Die Laufbegradigung verkürzte das Strombett zwischen Basel und Mannheim um 81 km (s. Abb. 33 a). Aus dem einstmaligen Überschwemmungsgebiet wurde Anbau- und Siedlungsland; damit verminderte sich aber auch die natürliche Retention bei Hochwasser. Dadurch wird der Durchgang der Hochwasserwelle beschleunigt.

Abb. 33a
Rhein-Regelung
bei Speyer.

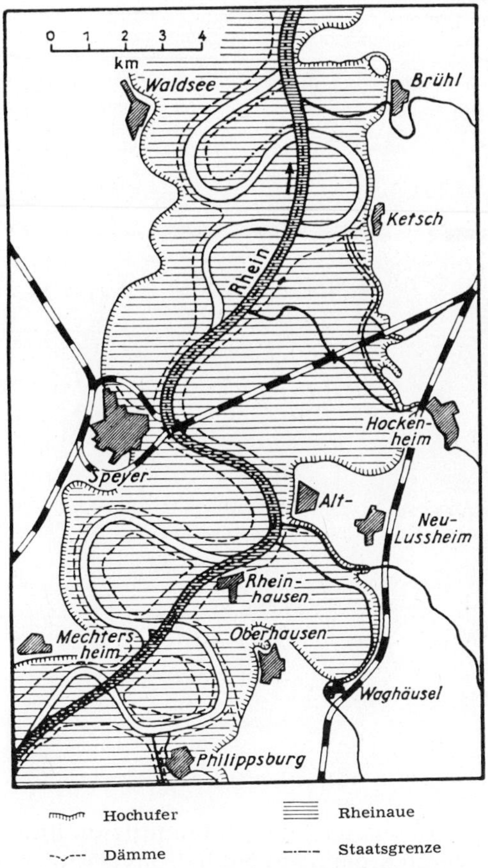

Erhöhte Fließ-geschwindigkeit belebt die Tiefenerosion

Mit der Laufverkürzung erhöhte sich die Fließgeschwindigkeit mit erhöhten Erosionsleistungen, die unterhalb von Basel bis zum Kaiserstuhl zu einer **Flußbettvertiefung** um vier Meter geführt hat. Nördlich davon erfolgte eine Aufhöhung des Flußbettes durch verstärkte Akkumulation. Mit der Rheinregulierung senkte sich das Grundwasser in der umgebenden Landschaft merklich ab. Dieser Vorgang verstärkte sich durch den Bau des Rhein-Seitenkanals, der dem Rheinlauf größere Wassermengen entzog (s. Abb. 33 b und c).

Vor- und Nachteile der Regulierung des oberen Rheins

Die Regulierung im Oberlauf des Rheins beseitigte zwar die Hochwassergefahr und die Mückenplage und verkürzte den Schiffahrtsweg, aber veränderte die landschaftsökologischen Bedingungen in der Rheinaue grundlegend: Mit der **Absenkung des Grundwassers** veränderte sich der Baumbestand des artenreichen Auewaldes und entwickelte sich zu einer Trockenbuschformation; die Wasserversorgung durch lokale Brunnen fiel aus.

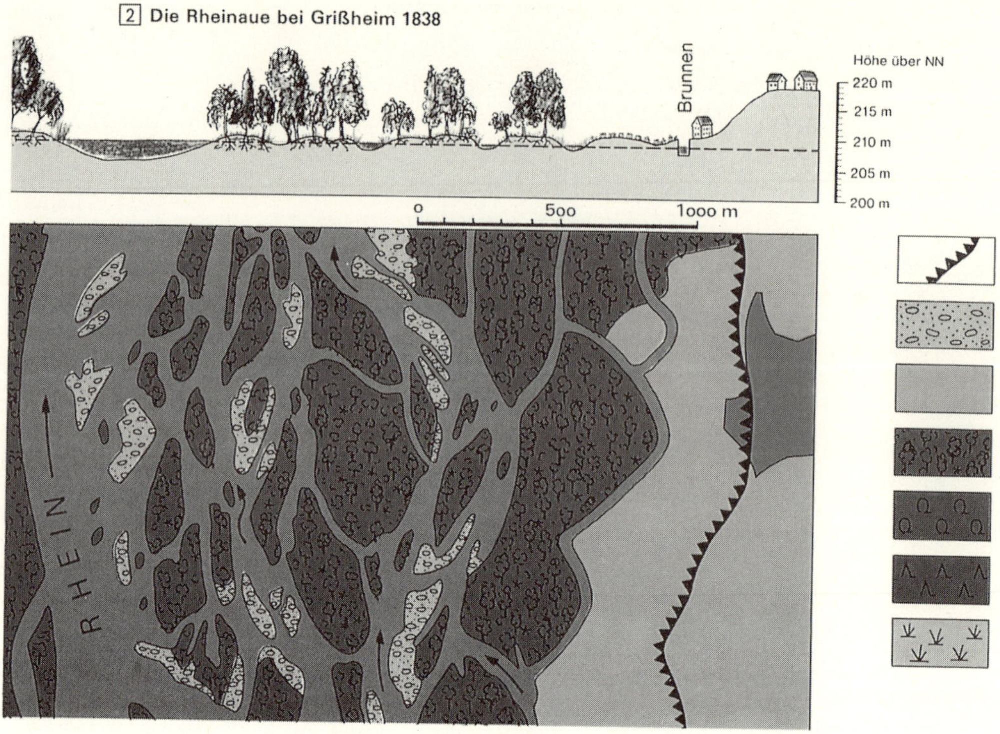

Abb. 33b
Die Rheinaue bei Grißheim 1838.

Im Vergleich zu Flußregulierungen in mittleren Breiten sind solche in den niederen Breiten mit zusätzlichen Problemen belastet; ein Beispiel hierfür ist der **Nil** mit dem **Nasser-Staudamm**: Er staut den Nil durch seinen 111 m hohen Damm zu einem bis über 500 km langen See auf. Eine regulierte Wasserabgabe für Bewässerungsflächen, die dadurch erheblich vergrößert werden konnten, sowie die bedeutend erhöhte Versorgung mit Elektroenergie sind die bemerkenswerten Vorteile dieses gewaltigen Projekts, das in den Dürrejahren 1984 bis 1986 Ägypten vor einer Hungerkatastrophe bewahrt hat. Ohne diesen Staudamm wäre es auch schon zu gewaltigen Überschwemmungen gekommen. Nachteilig für die ausgedehnte Oase entlang des Nillaufs ist das Ausbleiben der alljährlichen, stets sehnsüchtig erwarteten Überflutung, die die Schlammablagerung für die Erhaltung bzw. Regenerierung der Fruchtbarkeit im Nildelta sowie dessen Erhaltung als bedeutendstes Anbaugebiet Ägyptens gebracht hat. Seit der Existenz des Nasser-Stausees setzen sich die so begehrten Schwebstoffe dort ab. Unterhalb seines Staudamms ist der Nil von seiner beachtlichen Schlammlast befreit und „benutzt" die **frei gewordene Energie** zu einer verstärk-

Segen und Sorgen mit dem Nasser-Staudamm

Der transportentlastete Nil erhöht die Erosion

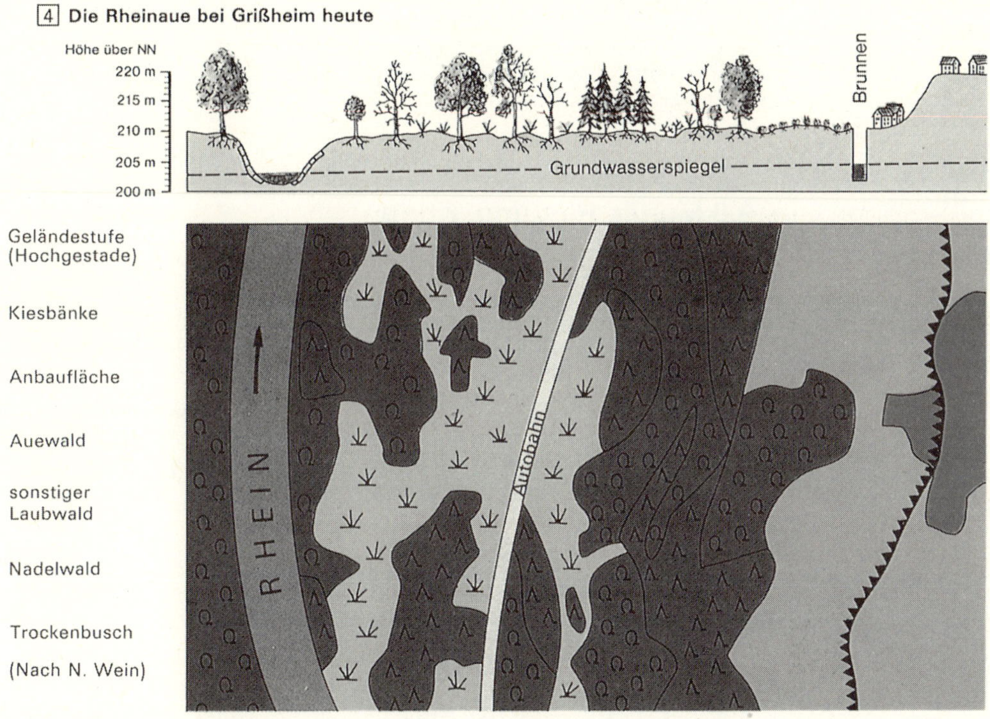

Abb. 33c
Die Rheinaue bei Grißheim heute.

ten **Erosion**. Diese beschwört weitere Sorgen herauf, die die Erhaltung von Brücken, Uferbefestigungen und Wehre, aber auch von Ackerland betreffen.

Vorgesehen ist eine Wasserabgabe aus dem Stausee von 2700 m^3/sec.; sollte diese aus irgendwelchen Gründen erhöht werden, käme es wegen nicht mehr kontrollierbarer Erosion zu großen Schäden in der Niloase.

Nil ist ein Fremdlingsfluß

Der **Nil „lebt"** vor allem von den Niederschlägen in **Äthiopien und Ostafrika**, die sich auf Tausende von Flüssen und Seen sowie auch auf Sümpfe verteilen. Nur 15 bis 20 % davon erreichen den Nasser-Stausee, belastet mit ca. 140 Mill. t/a an Schwebstoffen, die hauptsächlich erodiertes Bodenmaterial aus Äthiopien sind. Der Stauraum des Nasser-Sees wird mit etwa 160 Mrd. m^3 angegeben; zu 20 % ist dieses gewaltige Becken Stapelraum für die Sedimentation von Flußschlamm für die Dauer von 300 Jahren.

Nasser-Stausee auch Stapelbecken für Schlamm

Bei maximaler Füllhöhe beträgt die Oberfläche des Stausees 6500 km^2, damit ist sie 2,5 mal größer als das Saarland. Diese enorme Größe erklärt die mit 10 Mrd. m^3/a hohe **Verdunstung**.

Erhöhte Verdunstung aus der großen Seeoberfläche

Geomechanische Wirkungen der Stauanlage

Die Nähe des großen, immer noch mobilen tektonischen Grabens von Ostafrika und vom Roten Meer bewirkt im Zusammenhang mit geomechanische Veränderungen durch den Nasser-See (Änderung der geomechanischen Belastung) eine verstärkte **Erdbeben**tätigkeit im südlichen Ägypten.

9.8 Militär, Rüstung, Krieg

Wenn es gegenwärtig auch so scheint, daß mit einer höheren Bereitschaft an Verständigung zwischen den militärischen Großmächten mehr Frieden für die Menschheit zu kommen scheint und damit auch keine ökologischen Auswirkungen von Kampfhandlungen zu erwarten wären, hat sich in einigen Landschaften manches getan, was erst jetzt bekannt geworden ist. Nicht alles, aber einiges soll in seiner landschaftsökologischen Auswirkung skizziert werden.

In Deutschland soll es etwa 40 Standorte geben, wo **Munitionsdepots und -fabriken** vor und während des 2. Weltkrieges existierten. Von diesen Standorten gingen und gehen noch immer Stoffeinträge in die umgebende Landschaft aus; es sind z. T. erst vor kurzer Zeit bekannt gewordene Altlasten. Ein Beispiel mag stellvertretend für andere Standorte mitgeteilt werden, um auf landschaftsökologische Wirkungen aufmerksam zu machen:

Rüstungsaltlasten aus dem 2. Weltkrieg als ökologische Zeitbombe ...

In der Elbaue bei Torgau ist die ehemalige Sprengstoff-Fabrik Elsnig unmittelbar nach Beendigung des Krieges gesprengt worden. Die hier u. a. erzeugten Substanzen sind Sprengstoff für die Marine und Treibstoff für Raketen gewesen, haben sich im Boden und im Grundwasser ausgebreitet. Das etwa nur 2,5 km entfernte Trinkwassereinzugsgebiet Elbaue zur Versorgung des Ballungsgebietes Leipzig-Halle ist durch kanzerogene Aminonitrataromate gefährdet. Noch gefährlicher könnten die sich inzwischen gebildeten Derivate als die Ausgangsstoffe sein. Kritisch ist ökologisch und für die Gesundheit der Menschen, daß man nicht weiß, noch nicht genau weiß, was da an Altlast vorhanden ist, wie es sich umwandelt, in welchen Mengen es vorhanden ist und wohin es sich vertikal und horizontal bewegt.

... und neue ökologische Belastungen durch militärische Anlagen

Im Prinzip gilt das auch für die **Truppenübungsplätze**, die bevorzugt in Heidegebieten angelegt sind, so z. B. in der Lüneburger Heide, wo sie im Artenbestand am typischsten war, und nördlich vom Fläming. Zu sehen ist die spärliche Vegetation, zu vermuten ist, daß brisantere Einflüsse durch Schießübungen und Kraftstoff unter der Oberfläche wirksam sind. Noch niemand weiß so genau, was in den Standorten der geräumten **Kasernen** (im Zuge des Abzugs sowjetischer Truppen) an ökologischen Schaden verursachenden Substanzen als Langzeitwirkung lagert.

Längst in Vergessenheit geraten, weil von aktuelleren kriegerischen Ereignissen überlagert, ist der **Einsatz von Total-Herbiziden** der US-Truppen im Vietnam-Krieg. Um den „ungewohnten“ Dschungelkrieg zu umgehen, wurden die Wälder durch Herbizideinsatz total vernichtet. Die nach dem Kriege erfolgte - in Deutschland erfolgreich praktizierte - forstliche Standortserkundung fand auf entwaldeten Flächen und auf verseuchtem Boden statt.

Herbizide vernichteten Wald in Vietnam

Die landschaftsökologischen Auswirkungen der **Ölbrände am Persischen Golf** sind offensichtlich noch gar nicht an Ort und Stelle erfaßt worden. Bekannt geworden ist eine Modellrechnung eines Max-Planck-Instituts, die davon ausgeht, daß eine Rohölmenge von 440 000 t/a verbrannt wird; als Rußanteil wurden 10% angenommen. Die Studie erbrachte folgende Ergebnisse, die hier in generalisierter Form mitgeteilt werden:

Geographische Rundschau 10/91, S. 616

Es wird keine signifikanten Auswirkungen auf das Globalklima geben; auch eine Abschwächung des Indischen Sommermonsuns ist nicht zu erwarten; über dem Tibetischen Hochland wird es zu einer kräftigen Erwärmung kommen, was in Indien zu ergiebigeren Niederschlägen am Anfang des Monsuns führen kann. Der entstehende Ruß wird nur zu einem unbedeutenden Teil in die Stratosphäre gelangen und nach etwa zwanzig Tagen in der Nähe der Ölquellen auf die Erdoberfläche fallen.

Die gravierenden lokalen und regionalen ökologischen Folgen waren nicht Gegenstand der Modellrechnung. Man muß aber wohl davon ausgehen, daß die Verminderung der Einstrahlung und damit erniedrigte Temperaturen durch die Rußwolken nicht alle Folgen dieser Ölbrände sind, sondern daß mit der Deposition von Ruß auch andere Substanzen in den Boden gelangt sind (s. Kap. 9.1.2).

Literaturempfehlungen:
Anthropogen ausgelöste landschaftsökologische Prozesse sowie anthropogene Eingriffe in die Ökologie der Landschaft sind ausführlich behandelt bei **Neef** et al. 1977, **Niemann** 1988, **Izrael** 1990, vor allem aber bei **Odzuck** 1982.

10. Spontane landschaftsökologische Prozesse

Anders als periodische und episodische Prozesse, die zu Änderungen von Landschaftszuständen führen (s. Kap. 3.4/3.5), sind spontane landschaftsökologische Prozesse einerseits nicht Rhythmen unterworfen und sind andererseits vergleichsweise selten. Sie treten ganz plötzlich auf, sind langfristig nicht vorhersagbar und wirken in kürzester Zeit landschaftsverändernd bis -zerstörend. In räumlicher Hinsicht gibt es bestimmte Gebiete, in denen häufiger spontane landschaftsökologische Prozesse auftreten und sich häufig auch katastrophal auswirken. Im folgenden kann nur eine Auswahl dieser sowohl an die Atmosphäre und Hydrosphäre als auch an die Lithosphäre gebundenen spontanen Prozesse beschrieben werden.

10.1 Stürme

Winde sind die ständige Bewegungsform der Atmosphäre. Sobald diese in ihrer Stärke eine Geschwindigkeit von etwa 17 m/sec. (= 61 km/h) erreichen und überschreiten, werden sie als **Stürme** bezeichnet.

Bereits bei dieser Windgeschwindigkeit werden Bäume durch abbrechende Zweige und Äste beschädigt, im Meer entstehen bis zu 7 m hohe Wellenberge. In den mittleren Breiten sind Stürme meist an die wandernden Tiefs gebunden. Stürme können aber auch zum regelmäßigen Wettergeschehen gehören, wie das z. B. am Kap Hoorn der Fall ist. Auch von lokalen und regional begrenzt auftretenden Winden sind solche in Sturmstärke bekannt.

Sturm – Windbruch – Schädlingsbefall

Stürme in den mittleren Breiten sind von flächenhafter Wirksamkeit und betreffen, abgesehen von Gebäudeschäden, vor allem Wälder und bei diesen Monokulturen (s. Kap. 8.1.3 a), wie z. B. Fichtenforste, am meisten. **Windbrüche** sind die Sturmschäden im Wald; die Schadenswirkung vergrößert sich, wenn Stürme im Winter auf schneebelastete Bäume treffen, die ohnehin durch Schneebruch, soweit es Nadelbäume betrifft, gefährdet sind. Umgefallene Bäume werden sehr rasch von Schädlingen besiedelt bzw. vermehren sich sehr, wenn das Bruchholz nicht rasch aufgearbeitet wird. Werden größere Areale betroffen, so erhöht sich die Disposition für eine wassergebundene Bodenerosion. Nur durch forstwirtschaftliche Maßnahmen über die Bruchholzbeseitigung hinaus durch eine rasche Aufforstung wird verhindert, daß sich eine forstwirtschaftlich unerwünschte Bodenvegetation einstellt.

Windgebundene Bodenerosion

Besonders in der stärker „ausgeräumten" Agrarlandschaft wirken sich Stürme in der vegetationsfreien Zeit direkt auf den Boden aus. Es ist erstaunlich, zu welchen Abtragungsleistungen die **windgebundene Bodenerosion** gebietsweise in der Lage ist, z. B. in Lößgebieten, auf Grundmoränenflächen und in Küstennähe.

Stürme und Gezeiten

In meeresnahen Bereichen können sich Stürme durch **Überschwemmungen** zerstörerisch in Vegetations- und Bodendecke auswirken, besonders wenn als weiterer Faktor (an Gezeitenküsten) ein hoher Tidenhub hinzukommt.

In jedem Falle entstehen, wenn auch in unterschiedlicher Größenordnung, Veränderungen im Landschaftshaushalt und in der ökologischen Qualität durch solche spontanen Prozesse. Sie können nur zeitweilig sein und relativ rasch durch anthropogene Maßnahmen korrigiert oder durch Sukzession in den ursprünglichen Zustand zurückgeführt werden (s. Kap. 3.4).

Im Gegensatz zu den Stürmen der mittleren Breiten stehen die lokal oder zeitlich begrenzten Stürme sowie die wandernden **Wirbelstürme** der **Tropen und Subtropen**.

Die relativ seltenen **Tornados**, besonders in den USA, aber auch in Australien, sind von verheerender Wirkung. Es handelt sich um etwa tausend Meter hohe, bis dreihundert Meter im Durchmesser betragene Schläuche, die aus einer Cumulonimbuswolke herabreichen. Infolge der starken Rotation tritt als Folge der Fliehkraft im Inneren des Schlauches Druckverminderung mit dynamischer Abkühlung und Kondensation ein. Dadurch wird der Tornado (Trombe) als Wolkenschlauch sichtbar, was sich durch aufgewirbelte feste Substanz von der Erdoberfläche erhöht. Die Bewegungsrichtung entspricht der Wolke, aus der der Tornado stammt.

__Tornados__ hinterlassen verheerende kurze Zerstörungsspuren in der Landschaft

Die Geschwindigkeit kann bis zu 600 km/h betragen. Das und die hohe Winddrehung bewirken die verheerende Wirkung. Außerdem stellt sich ein ganz plötzlicher Luftdruckabfall ein.

Alles, was nicht fest genug ist, wird hochgewirbelt, auch Tiere wie Rinder und Pferde. Der durch den Abfall des Luftdrucks im Inneren von Gebäuden entstehende Überdruck läßt explosionsartig Hauswände bersten. Zurück bleibt eine bis um die 3000 m breite Zerstörungsspur, die aber nur wenige hundert Meter lang ist (Totale Zerstörung).

Tornados treten am häufigsten im Frühling und Frühsommer auf, in den USA vor allem in den Mittelstaaten zwischen 5- bis 15mal im Jahr.

Kleine Tromben:
– Windhosen
– Wasserhosen

Bei starker Überhitzung der unteren Luftschichten sind auch in unseren Breiten Tromben, auch **Windhosen** genannt, zu beobachten. Diese kleinen Wirbel tragen Staub und leichte Gegenstände in einem sichtbaren, sich nach oben trichterartig erweiternden Schlauch in die Höhe, während sie auf kurzer Entfernung über den Boden ziehen. Ihre Auswirkungen in der Landschaft sind im allgemeinen sehr gering und kaum wahrzunehmen.

In den Trockengebieten sind sie weitaus häufiger, wo sie durch unterschiedliche Erhitzung von verschiedenem Gestein entstehen.

Von gleicher Entstehung sind **Wasserhosen**, die Tromben über der Meeresfläche, die vermutlich dadurch entstehen, daß polare Kaltluft über warmes Meerwasser weht.

Tropische Zyklonen in den Randtropen ...

Weitaus großräumiger sind die tropischen **Wirbelstürme** an Meeren und Küsten der äußeren Tropen. Sie haben einen Durchmesser von einigen hundert Kilometern; sie drehen sich in zyklonaler Richtung (tropische Zyklonen). Die Struktur des Wirbelsturms besteht aus einem windstillen und wolkenlosen Zentrum mit einem 15 bis 30 km großen Durchmesser; um dieses „Auge der Zyklone" legt sich konzentrisch der Ring mit orkanartigen Winden und gewaltigen Niederschlägen. Die Zerstörungskraft gleicht den Tornados, die aber in einem weitaus größeren Raum wirksam wird.

... stehen im Zusammenhang mit der Wanderung der ITC

Die Wirbelstürme, **Hurricane** und **Taifune**, entstehen in der Innertropischen Konvergenz (ITC), wenn diese sich am weitesten vom Äquator entfernt hat. Somit fällt das Maximum ihres Entstehens auf den Sommer und Frühherbst der jeweiligen Halbkugel. Die Zugbahnen verlaufen entsprechend der allgemeinen Strömung in dieser Zone von West nach Ost, um vor Erreichen der Kontinente nach Norden umzubiegen. Danach erfolgt ein nochmaliger Richtungswechsel nach Osten, wo die Zyklone als abgeschwächtes Sturmtief in der außertropischen Westwindzone weiterzieht.

Begrenzte Wirkung von Vorwarnsystemen

Mit Hilfe von Radarpeilungen werden momentane Lage, Zugbahn und Stärke registriert und über verschiedene Informationsmedien weitergegeben, um das Überraschungsmoment auszuschalten und gewisse Vorkehrungen möglich zu machen. Die verheerenden Zerstörungen an Einrichtungen der Infrastruktur, in der Landschaft und Opfern an Menschen sind jedoch nicht aufzuhalten. Zu den eigentlichen Sturmschäden kommen noch die Auswirkungen der gewaltigen Niederschläge sowie die Folgewirkungen als Überschwemmungen durch Flüsse und Sturmfluten hinzu.

10.2 Überschwemmungen

Plötzliche, häufig mit Gewittern verbundene Niederschläge sind neben ergiebigem Landregen und Schneeschmelze Hauptursachen für **Überschwemmungen** in Tälern und niedrig gelegenen, benachbarten Landesteilen. Die landschaftsökologischen Wirkungen bestehen aus der Wechselbeziehung Erosion - Akkumulation, die eine Funktion der Fließgeschwindigkeit ist. Je intensiver die Bodenerosion im Einzugsgebiet ist, desto höher ist die Flußfracht, die bei einer entsprechenden Fließgeschwindigkeit bzw. bei nachlassender Transportkraft mitgeführt bzw. abgesetzt werden kann. Generell schafft eine vom Fluß verursachte Überflutung besonders in der Talaue Erosionsrinnen und neue verkürzte Flußabschnitte und Abdämmen von Flußschlingen zu Altwasserarmen sowie Sedimentationsflächen (s. Kap. 6. und 9.7).

Überschwemmungen – Wechselspiel von Erosion und Akkumulation

Vergleichbar in ihrer Wirkung sind **Überflutungen** im Küstenbereich bei Sturm und hohem Tidenhub (s. o.), wobei die Möglichkeit des Landverlusts stellenweise hinzukommt. Die letzte bedeutende Sturmflut an der Nordsee war Anfang 1953; sie betraf vor allem die Niederlande. Inzwischen sind dort imponierende Regulierungs- und Sicherungsmaßnahmen entstanden mit neuen Landschaften (Poldern).

Sturmflut 1953

10.3 Muren und Lawinen

„Die Schlamm- und Geröll-Lawine am 1280 Meter hohen Teisenberg setzte sich erneut mit fünf Metern pro Stunde in Bewegung und wanderte auf die evakuierte Feriensiedlung zu, berichtete am Montag die Polizei (s. Kap. 6). Die gesamte Mure umfaßt 70 000 Kubikmeter Schlamm- und Gesteinsmassen" (Zeitungsbericht am 13. 8. 1991). Umwelt- und Naturschutzexperten meinen, daß bei der Aktivierung von **Muren** in zunehmendem Maß der Mensch durch intensiven Massentourismus Schuld trage: Gefährdet sei die Vegetationsdecke durch verstärkte Freizeitnutzung und zu hohen Wildbestand (s. Kap. 9.6).

Die Mure entsteht aus Massenselbstbewegung und Massentransport. Es ist ein mit Wasser durchtränkter Schuttstrom, der sich talabwärts bewegt und Bäume und Sträucher mit sich reißt. Stark quellendes Gesteinsmaterial begünstigt die Bildung von Muren, Starkregen und Schneeschmelze sind auslösende Faktoren. Am

Murenbildung durch naturgegebene Faktoren
+
Zunahme des anthropogenen Einflusses

Ende der Bewegungsbahn der Mure, dem **Murengang**, baut sich ein stark geneigter Schuttkegel auf. Mit Schutzbauten, sog. Murgangverbauung, versucht man, Muren zurückzuhalten. Zum Schutz der kasachischen Hauptstadt Alma-Ata und des oberhalb gelegenen berühmten Eisstadions von Medea hat man nach einer Mure der Kleinen Almatinka, die in einer Silvesternacht Teile der oberen Stadt „überfallen" hat, einen sehr hohen Staudamm errichtet. Um seine Dammkrone zu erklimmen, braucht man den Aufstieg über fast 900 Stufen.

Eine den Muren vergleichbare landschaftsökologische Wirkung haben **Lawinen**, die große Mengen Schnee in kürzester Zeit hangabwärts bewegen und dabei Pflanzen bis zur Größenordnung von Bäumen und Gestein mitreißen. Sie kommen dadurch zustande, wenn die Massen einer geschichteten, sehr mächtigen Schneedecke den Zusammenhalt verlieren und auf einer „Gleitbahn", Schneeschicht oder Boden, hangabwärts gleiten. Dieser Vorgang wird begünstigt bei Hangneigungen über 20°, sehr großer Schneemächtigkeit und wäßriger Schneelagen. Föhn in den Alpen zum Beispiel kann ebenfalls zur Auslösung von Lawinen beitragen.

Unterschiedliche Schneeschichtung
+
Gleitbahn sind auslösende Faktoren

In den Hochgebirgen, aber auch in den höheren Mittelgebirgen, wie z. B. im Riesengebirge, gibt es „bevorzugte" **Lawinenbahnen**, erkennbar am Fehlen von Baumbestand oder erkennbar an rasch wüchsigen Baumarten, wie z. B. die Birken im Unterschied zur Fichte. Am Fuße der Lawinenbahn bildet sich ein meist nur flacher Schuttkegel, der infolge seines relativ hohen Feinmaterialgehalts schnell wieder von Pflanzen besiedelt wird.

Ständige Lawinenabgänge schaffen Lawinenbahnen

Neben diesen bekannten und erkennbaren Lawinenbahnen können auch neue Bahnen entstehen. Schon die geringste Erschütterung der Schneedecke vermag eine Lawine auszulösen.

Massenselbstbewegungen sind solche Materialbewegungen an Hängen, besonders an Steilhängen und in Hochgebirgen, die ohne wesentliches Zutun von bewegungsfördernden Medien, z. B. Wasser, vor sich gehen. Mehr oder weniger allein sind daran Verwitterung mit Bildung tief reichender Spalten und die Schwerkraft beteiligt. Diese Hangabwärtsbewegungen setzen spontan nach vorangegangenen Lockerungen des Gesteins ein. Wenn sie von mehr gleitender Bewegungsart sind, nennt man sie **Bergrutsch** oder **Bergschlipf**, sonst bezeichnet man sie als **Bergsturz**. In jedem Falle aber entstehen Abrißnischen, Striemungen auf der Bewegungsbahn und dort, wo die Bewegung zum Stillstand gekommen ist, eine Schutthalde. Die in Verbindung damit zustandekommenden landschaftlichen Veränderungen haben Ähnlichkeit mit den von Lawinen und Muren.

Bergrutsch, Bergschlipf, Bergsturz weitgehend durch Wirkungen der Schwerkraft

10.4 Vulkane und Beben

„Aus dem philippinischen Vulkan Pinatubo ist wieder eine neun Kilometer hohe Wolke aus Asche und Gas in den Himmel geschossen" (Zeitungsbericht vom 4. 9. 1991). Der im Frühsommer 1991 ausgebrochene Vulkan ist ein sehr gutes Beispiel für **Vulkanausbrüche**, deren primäre und sekundäre Prozesse: vorausgehende und immer wiederkehrende Erschütterungen (vulkanische Beben), Gas- und Asche-Eruption, Ausströmen von Lava als primäre Prozesse; Erzeugung von Starkniederschlägen durch einen hohen Anfall von Kondensationskernen, dadurch bedingt Entstehung von Hochwasser und Schlammfluten. Zu ergänzen sind die Auswirkungen, die in aller erster Linie Menschen und ihre Behausung betreffen sowie auch die in der Umgebung des tätigen Vulkans veränderten Luftverhältnisse mit Gas- und Staubanreicherung.

Primäre und sekundäre Prozesse von Vulkanausbrüchen

Unter den Vulkanen unterscheidet man nach Eruptionsverhalten und ausströmender Substanz verschiedene Typen: Soweit es die Ausströmung von Lava betrifft, ist die Wirkung - im Sinne der landschaftsökologischen Dimensionen - chorisch (s. Kap. 3.2). Im Hinblick auf den Ausstoß von vulkanischen Gasen und Aschen, soweit sie in die Hochatmosphäre gelangen, sind ihre Verbreitung und Wirkung nahezu weltweit, wofür es viele Beispiele gibt. Ascheregen sind viele Tausende von Kilometern Entfernung von ihrer Eruptionsquelle niedergegangen.

Fernwirkung von Vulkanausbrüchen

Weltweit soll es 500 Vulkane verschiedenen Typs und unterschiedlicher gegenwärtiger Aktivität geben. Sie sind vor allem um den Pazifischen Ozean konzentriert und haben eine hohe räumliche und genetische **Korrelation mit erdbebenhäufigen Gebieten**.

Ihre Wirksamkeit ist landschaftsökologisch überall dort „segensreich", wo in früheren Jahren Lava ausgebreitet worden ist und inzwischen eine Bodenbildung stattgefunden hat, deren Fruchtbarkeit durch den hohen Mineralgehalt anhaltend ist - und das unter tropischen Bedingungen. Das hat wesentlich dazu beigetragen, daß die Fruchtbarkeit tropischer Böden falsch eingeschätzt worden ist, nämlich für diese Gebiete der immerfeuchten Tropen außerhalb von Verbreitungsgebieten mineralreicher Laven.

Fruchtbarkeit tropischer Lavaböden – auch ein verallgemeinerter Irrtum für die Tropeninsgesamt

Tektonisch mobile Regionen (s. Kap. 7) sind sowohl durch vulkanische Tätigkeit als auch durch **Erdbebentätigkeit** bekannt. Darum sind erneut die Randgebiete des Pazifischen Ozeans zu nennen; hinzugefügt werden müssen die jungen Faltengebirge; wie z.B. Himalaya, Anden und die mittelasiatischen Hochgebirge, aber

Erdbeben vor allem um den Pazifik

auch die tektonischen Gräben wie in Ostafrika, und sogar in abgeschwächter Intensität und Frequenz Alpen und Karpaten. Es handelt sich dabei um rezente Krustenbewegungen, die zumeist ohne vorherige Anzeichen ganz plötzlich einsetzen. Nach der Ursache ihrer Entstehung werden verschieden Typen von Beben unterschieden:

Unterschiede in der Entstehung von Erdbeben

- Tektonische Beben infolge ausgelöster Spannungen in der Erdkruste (etwa 90% aller Beben)
- Vulkanische Beben vor und während des Ausbruchs
- Einsturzbeben über Hohlräumen, die sich durch Auswaschung und Lösung von Gestein ständig vergrößern (Salzlager und Karstgebiete).

Außerdem gibt es technogen verursachte Beben:
- Gebirgsschläge im Zusammenhang mit dem Bergbau durch Veränderung des gebirgsmechanischen Spannungssystems
- Unterirdische Sprengungen zur Testung von Atomwaffen oder zur geophysikalischen Erkundung.

Primäre und sekundäre Wirkungen von Beben

In der Reihenfolge der verschiedenartigen Beben drückt sich auch eine Abstufung nach der Schwere der Beben im Hinblick auf die Auswirkungen aus. Besonders die tektonischen Beben richten verheerende Schäden und nicht nur in der Landschaft an: Verschiebungen, Risse, Senkungen und Hebungen in der Erdkruste bis an die Erdoberfläche sind die primären Folgewirkungen, die sich besonders schädigend auf die Infrastruktur und im Zusammenhang damit auf die Bevölkerung auswirken. Die sekundären, durch Beben ausgelösten Prozesse, wie z.B. Bergsturze, Rutschungen, Überschwemmungen u.a., wirken sich auch landschaftsökologisch und auf den Habitus der betroffenen Landschaft aus.

Seebeben verursachen die Tsunamis

Besonders in dem Japan vorgelagerten Teil des Pazifik sind **Seebeben** häufig, die gewaltige Flutwellen, die **Tsunamis**, mit furchtbaren Wirkungen auslösen. In Japan lebt man mit der Gewißheit, daß irgendwann Erdbeben auftreten. Darum sind mancherlei Vorsorgen, z.B. im Häuserbau und Gebäudeschutz, getroffen worden, aber die Gefahr ist nicht abwendbar. Japan gehört zu dem westlichen Pazifikbereich, wo sowohl oberflächennahe (0–70 km), mitteltiefe Beben (70–300 km) und Tiefbeben (300–700 km) vorkommen (für den Zeitraum 1961–1969).

Literaturempfehlungen:
Über naturbedingte landschaftsökologische Prozesse mit Katastrophencharakter informieren ausführlicher *Louis* 1961, *Blüthgen* 1964.

11. Regionale und globale ökologische Belastungen

Die weltweite Ausbreitung von Stoffen aus Industrie, Siedlungen, Landwirtschaft und Verkehr erfolgt über die Atmosphäre, hier besonders über die bis zu 12 km Höhe reichende Troposphäre. Die vorwiegend auf der Nordhalbkugel (USA, Europa und Japan vor allem) entstehenden Gase, Aerosole und Stäube werden mit der Luftströmung, vor allem in der Westwindzone, verbreitet. Einige Stoffe werden durch Auswaschung, Sedimentation oder chemische Umsetzungen schnell beseitigt, andere halten sich länger – bis zu einigen Tagen, aber auch über mehrere Jahre – in der Atmosphäre auf. Die merklich zugenommene Menge an emittierten Substanzen in der Atmosphäre erhöht die Gefahr der Belastung für Klima und Organismen.

Ausbreitung von Emissionen über die Atmosphäre

11.1 Saurer Regen

Durch die Verbrennung von Kohle, Erdöl und Erdgas sowie durch die Verhüttung von Erzen gelangen Abgase in die Atmosphäre. Sie werden vielfach über sehr hohe Schornsteine emittiert und gelangen so in die Luftzirkulation, durch die sie Hunderte von Kilometern transportiert werden. Neben Wasserdampf und Kohlendioxid werden vor allem auch Schwefeldioxid und Stickoxide emittiert; mit der Luftfeuchtigkeit und mit dem Regenwasser (im Winter mit Schnee) bilden sich daraus **Kohlen-, Schwefel- und Salpetersäure** (s. Kap. 8.1.3 b).

Abgase + Luftfeuchte = saurer Regen

Vor allem Schwefel- und Salpetersäure erhöhen die Acidität der Niederschläge; es sind pH-Werte im Niederschlagswasser von 2,4 gemessen worden, in Pennsylvania ging einmal ein „essigartiger" Regen mit pH 2,7 und in West-Virginia ein „Zitronensaft-Regen" mit einem pH-Wert von 1,5 nieder (Batteriesäure hat einen pH-Wert von 1,0 und das meiste Leben stirbt bei einem pH-Wert von 3,0). In weiten Teilen Europas und Nordamerikas haben die Niederschläge, Schnee und Regen, **pH-Werte im sauren Bereich**.

„essigsaurer" Regen

Gebiete mit hohen SO_2-Emissionen sind Sachsen und Sachsen-Anhalt, Nordböhmen, Oberschlesien, Ruhrgebiet und Mittelengland. Der weitaus größte Teil dieser Emissionen gelangt durch

Saurer Regen durch Ferntransport ein globales Problem

Ferntransport in Regionen weitab von den Emissionsquellen. Inzwischen ist der saure Regen ein globales Problem geworden, dessen landschaftsökologische Folgen zwar noch nicht ausreichend bekannt sind. Dennoch läßt sich abschätzen, daß die Pflanzendecke durch Verätzungen betroffen wird. Das trifft besonders auf die SO_2-Empfindlichkeit von Nadelgehölzen und noch mehr auf niedere Pflanzen, wie Moose, Flechten und einige Pilzarten, zu. Flechten sind wegen ihrer Empfindlichkeit gegenüber Schwefeldioxid bzw. -säure geeignete Indikatoren für den Grad der Belastung. In der Nähe von Emissionsquellen, Städten und Industriebetrieben, sind Flechten völlig verschwunden. Mit wachsender Konzentration von schwefliger und Schwefelsäure in der Lösung nimmt die Geschwindigkeit ab bei der CO_2-Assimilation durch die Pflanze. Rückläufig ist die Bildung von Chlorophyll und seiner Funktion u. a. in der Abgabe von Sauerstoff.

Nadelbäume und Flechten besonders betroffen

Zunahme der Bodenacidität

Was die Beeinflussung des Bodens betrifft, so muß man davon ausgehen, daß saure Niederschläge auf die Dauer im Boden den Basenvorrat verringern. Zunehmende Bodenacidität führt zu einem Rückgang von Nährstoffen wie Calcium, Magnesium und Mangan, mobilisiert bisher fixierte Schwermetalle und verringert den mikrobiellen Abbau der organischen Substanz, wodurch sich der Nährstoffkreislauf verlangsamt.

Skandinavien und der „importierte" saure Regen

Ohne im Detail darauf einzugehen, soll auf die direkte und indirekte Einwirkung auf tierische Organismen hingewiesen werden. Der saure Regen, gespeist aus den Emissionsgebieten Mittel- und Westeuropas, hat – und das soll als ein Beispiel angeführt werden – den Fischbestand in schwedischen Seen getroffen: Die in Skandinavien vorherrschenden Silikatgesteine sorgen für ein weiches Oberflächenwasser, das gegenüber dem sauren Regen ein geringes Puffervermögen besitzt. Darum sinkt der pH-Wert in Seen Schwedens unter den Wert 5, was Lachse und Forellen nicht mehr vertragen.

11.2 Radioaktive Substanzen

Anthropogen-technogen entstandene und entstehende radioaktive Substanzen in der Atmosphäre, die sich weltweit ausgebreitet haben, stammten bzw. stammen von den Atombombenabwürfen 1945 über Japan, aus oberirdischen Atomwaffentests und/oder aus nuklearen Wiederaufbereitungsanlagen. Atomwaffentests fanden und finden – zum Bedauern noch immer – sowohl auf der Nord- als auch auf der Südhalbkugel statt. Da zwischen beiden auf Grund der allgemeinen Zirkulation der Atmosphäre keine direkte Verbindung besteht, haben sich zwei unabhängige Ausbreitungszonen mit enger räumlicher Zuordnung zu den Testgebieten ausgebildet.

Innerhalb entsprechender geographischer Breiten erfolgte ein weltweit auch registrierter Ferntransport von Radionukliden und ihren Zerfallsprodukten in Form von radioaktiven Aerosolen. Durch den Niederschlag erreichen sie die Erdoberfläche und lösen je nach Intensität erhebliche Belastungen und Schädigungen aus. Erfreulicherweise ist diese Art der Belastung seit dem Teststopp-Abkommen zurückgegangen.

Andererseit hat die Zahl der Atomkraftwerke in den letzten vier Jahrzehnten ganz erheblich zugenommen. Soweit deren Sicherheit gegeben ist, sind Befürchtungen nahezu unbegründet.

Reaktor-Havarie von Tschernobyl 1986

Aber die **Reaktor-Havarie von Tschernobyl** im Jahre 1986 hat die Aufmerksamkeit in der Welt erneut und vehement geweckt. Nach einer Reaktorexplosion ist zehn Tage lang radioaktives Material in die Atmosphäre gelangt; eine Katastrophe im Weltmaßstab ist gerade noch verhindert worden, das auch dank der Feuerwehrleute, die nach ihrem Einsatz verstorben sind. Durch den brandbedingten thermischen Auftrieb sind radioaktive Stoffe als Aerosol und durch Anlagerung an Staubpartikel bis in Höhen von 1500 m gelangt und durch die herrschende Großwetterlage rasch auch nach Mitteleuropa transportiert worden. In den Gebieten, wo eine besonders, weil meßbare Wirkung erzielt wurde, war festzustellen, daß die trockene Deposition nahezu unbedeutend war. Dagegen war der „Fall out“ an die Auswaschung durch Niederschläge gebunden.

Europaweite Ausbreitung bei herrschender Wetterlage

Vielerorts sind Analysen vorgenommen worden, die zusammenfassend verallgemeinert folgendes Ergebnis erbrachten: der humose Oberboden unter Wald, unter Acker- und Grünlandnutzung sowie die auflagernde Nadelstreu bei Waldböden haben die höchste Belastung erfahren. Medizinische und landwirtschaftliche Probleme (Nahrungskette) dominieren in der Schadwirkung infolge des Fall out. Erheblich sind die schädigenden Wirkungen bei den Rentieren, zumal ein atomarer Schwall nach Skandinavien gelangte. Rentiere sind ohnehin ziemlich durch Kontamination gefährdet, da ihre wichtigste Winternahrung Flechten sind, die in sehr starkem Maße – wie Pilze auch – radioaktive Partikel aufnehmen. Die einheimische Bevölkerung des nördlichen Nordamerikas, Lapplands und Nord-Rußlands ernährt sich vorwiegend von Rentierfleisch. Deshalb liegt die körperliche Belastung mit radioaktiven Substanzen (Cs-137 und Sr-90) um 50- bis 100mal höher als bei Bewohnern der gemäßigten Zone.

Belastungshoch in den Oberböden

Überlegungen, Abschätzung und Simulationsrechnungen über mögliche Folgen eines Atomkrieges haben solche erschreckenden Ergebnisse gebracht, was die ökologische Folgen betrifft: Es kommt zu einer globalen landschaftsökologischen Zerstörung im Zusammenhang mit irreversiblen Klimaänderungen. Die Folgewirkungen des Atomschlages, so vor allem die Verminderung der Sonnenstrahlung, würden verheerender sein als der Atomschlag selbst. Mit der ökologischen Zerstörung wäre auch die menschliche Population zerstört. (Detailgedanken dazu sind so abstoßend, daß sie nicht ausgeführt werden sollen!)

„Nuklearer Winter"

11.3 Auswirkungen auf das Klima

Naturbedingte Klimaschwankungen

Vorgänge in der Atmosphäre, in den Ozeanen, auf der Erdoberfläche und in der Vegetationsdecke sowie Veränderungen in der Menge der Eismassen bestimmen das Klima. Ein relativ enger Toleranzbereich von Temperatur, Luftdruck und chemischer Zusammensetzung der Atmosphäre gewährleistet die Erhaltung der Biosphäre, d. h. des Lebens auf der Erde. Die einzelnen klimawirksamen Prozesse haben unterschiedliche Zeitdauer; je nach ihrer Länge unterscheidet man Klimaanomalien von 1 bis 10 Jahren, kurzfristige und langfristige Klimaschwankungen von 10 bis 100 Jahren bzw. über 100 Jahren. Abweichungen vom „normalem" Klima haben „interne" Ursachen, soweit sie von den genannten Vorgängen ausgehen, oder „externe" Ursachen, wenn sie durch Vulkanausbrüche oder durch Sonnenfleckendynamik bedingt sind.

Filterwirkung von Gasmolekülen

Die chemischen Bestandteile der Atmosphäre „filtern" das Spektrum der elektromagnetischen Strahlung der Sonne, indem sie biologisch nützliche Spektralbereiche des sichtbaren Lichts und der infraroten Wärmestrahlung bis auf die Erdoberfläche durchlassen. Bereits in größeren Höhen werden biologisch schädliche Spektralbereiche der Ultraviolettstrahlung und der Röntgenstrahlung durch Absorption an Gasmolekülen zurückgehalten.

Bereits eine geringfügige Veränderung des genannten Toleranzbereiches in den Eigenschaften der Atmosphäre bringt regional und global spürbare Auswirkungen.

Allein die Änderung der Jahresdurchschnittstemperatur um 1° C würde die Dauer der Vegetationsperiode, die Niederschlagsverteilung, die Wasserführung der Flüsse, die Vereisungsdauer u. a. m. merklich verändern.

11.3.1 Glashauseffekt / Treibhauseffekt

Für das Klima sind **Wasserdampf und Kohlendioxid** – neben anderen, aber mengenmäßig geringeren Gasen – bedeutender als die Hauptbestandteile der Luft, Stickstoff und Sauerstoff. Etwa 30% der anfallenden Sonnenstrahlung werden von der Erdoberfläche, von der Atmosphäre und von den Wolken „ungenutzt" in den Weltraum reflektiert. Der weitaus größere Rest (mit Ausnahme eines bestimmten Ultraviolettbereichs) wird an der Erdoberfläche und in der bodennahen Luftschicht in Wärme umgesetzt.

Gase in der Luft sind wesentliche Faktoren des Wärmehaushalts in der Landschaft

Für die Existenz der Menschen, der Pflanzen- und Tierwelt ganz wesentliche Spektralbereiche des Sonnenlichts werden von der Erdatmosphäre „durchgelassen". Ein weiterer Bereich des von der Erde zurückgestrahlten Infrarotspektrums wird absorbiert und in Richtung Erdoberfläche zurückgegeben. Das bewirken die Gasinhalte der Atmosphäre, vor allem Wasserdampf und Kohlendioxid, aber auch Methan (CH_4), Schwefeldioxid (SO_2), Fluor-Chlor-Kohlenwasserstoff (FCKW) und Ozon (O_3). Diese Wirkung wird als **„Glas- oder Treibhauseffekt"** bezeichnet wegen des Vergleichs mit gärtnerischen Kulturen unter Glas. Dieser natürliche Effekt ist für den Bios auf der Erde von existentieller Bedeutung.

Anthropogen bedingte Erhöhung des Glashauseffekts

Sorge bereitet die erhebliche **Zunahme des CO_2-Gehalts** der Atmosphäre weltweit und die möglicherweise klimaverändernden Steigerungen des Glashauseffekts. Durch den zugenommenen Verbrauch von Energie durch die Industrialisierung ist der CO_2-Gehalt in einem erheblichen Maße angestiegen: die Emission von CO_2 beträgt etwa 20 Mrd. t weltweit. Nordamerika und Europa sind daran mit etwa $^2/_3$ beteiligt.

Schwindende Rolle der Wälder als CO_2-Senke

Die durch Messungen belegte globale Zunahme des CO_2-Gehalts erfährt eine jahreszeitliche Schwankung, ohne daß damit das Problem gelöst ist: Während der Vegetationsperiode geht der Gehalt an CO_2 in der Luft zurück. Damit wird deutlich, welche Bedeutung die Vegetationsdecke, besonders ausgedehnte Waldgebiete, wie die tropischen Regenwälder und die borealen Wälder, hat. Kohlendioxid-Speicher sind auch die Ozeane. Insgesamt ist der CO_2-Gehalt in der Atmosphäre so erheblich, anthropogen-technogen verursacht, daß klimatische und damit auch landschaftsökologische Folgewirkungen von globalem Ausmaß erwartet und befürchtet werden müssen.

Mit der Zunahme des CO_2-Gehaltes der Atmosphäre erfolgt eine „Intensivierung des hydrologischen Zyklus (Niederschlag-Verdunstung)", „die sich im Wärmehaushalt der Atmosphäre stärker auswirkt als CO_2 allein". Dafür liegen noch keine Daten vor, so daß

„die Änderung des Glashauseffekts in erster Näherung als Folge des CO_2-Gehalts“ angesehen wird.

Es gibt noch keine verbindlichen Aussagen für den Entwicklungsstand des Glashauseffekts, da alle Modelle zur Berechnung von einer hohen Komplexität ausgehen müssen. Noch ist das nicht möglich, weshalb man sich mit vereinfachenden Annahmen begnügen muß. Mit einem verstärkten Glashauseffekt ist Temperaturzunahme verbunden, die Rückkopplungsmechanismen hervorruft, die sowohl dämpfender als auch verstärkender Art sein können. Zu den verstärkenden Rückkopplungswirkungen gehört mit Sicherheit ein verstärktes Abschmelzen der Schnee- und Eisdecke in den Polargebieten sowie ein verstärktes Auftauen des Bodens in den Gebieten mit Dauerfrost. Mit der Verringerung der Eis- und Schneeflächen wird die Albedo (Reflexionsvermögen von der Erdoberfläche) herabgesetzt; damit wird die Umwandlung von Strahlung in Wärme erhöht.

Verstärkende und dämpfende Rückkopplungseffekte

Mögliche Klimaänderungen durch Verstärkung des Glashauseffekts

Noch immer müssen die weltweit betriebenen Simulationen von Vereinfachungen ausgehen, so daß die Zahlenergebnisse verschiedener Autoren auch recht unterschiedlich sind. Die Mehrzahl geht bei einem unverminderten CO_2- und Spurengasanstieg davon aus, daß bis zum Jahre 2030 die Mitteltemperatur auf der Erde um etwa 2–4° C ansteigt (im Vergleich dazu: Nach der letzten Kaltzeit hat die Temperatur im Mittel um 2° C in 10 000 Jahren zugenommen). Das würde die Tropen weniger als die höheren Breiten betreffen.

Es käme zu einer Verschiebung der Klimazonen und zu einem Anstieg des Meeresspiegels durch Ausdehnung des wärmer gewordenen und durch Eisabbau aufgefüllten Ozeanwassers um 1 m. Das würde u. a. die Existenz der Malediven im Indischen Ozean ernsthaft bedrohen, aber auch die Gefahren für die holländische Küstenregion merklich erhöhen.

Unsicherheiten in der Trendprognose

Das Ausmaß der CO_2 bedingten Klimaeffekts ist andererseits auch umstritten, da der Einfluß von Ozeanen und Wolken in den Simulationsmodellen bisher unzureichend erfaßt wurde bzw. erfaßt werden konnte. Die andersartigen Auffassungen gehen davon aus, daß die Ozeane als CO_2-Senke eine Temperaturerhöhung dämpfen könnten. Ein Vergleich in der CO_2-Emissionen mit dem gemessenen CO_2-Zuwachs in der Atmosphäre ergibt, daß nur ca. 53 % des emittierten CO_2 in der Atmosphäre verbleiben, während 47 % hauptsächlich von den Ozeanen aufgenommen werden. Auch hierbei gibt es noch unbefriedigende Details in der Berechnung.

Es muß damit gerechnet werden, falls die CO_2-Zufuhr in die Atmosphäre anhält, daß eine globale Temperaturerhöhung von mindestens 1° C bereits am Anfang des nächsten Jahrhunderts spürbar werden kann. (Eine Wissenschaftlerkonferenz im Oktober 1985 in Villach, Österreich, kam zu dem Schluß, daß eine Klimaänderung als eine „begründete und ernste Wahrscheinlichkeit“ angesehen werden muß.)

Klimaänderung zu erwarten

Die Sorge um einen durch Erhöhung der Lufttemperatur bedingten Meeresspiegelanstieg hat die Regierung der Malediven zu einer Petition bei der UNO veranlaßt, damit weltweit etwas gegen den ansteigenden Glashauseffekt unternommen wird.

Sorgen auf den Malediven

Neuere Modellrechnungen über die Entwicklung des Klimas in den nächsten 100 Jahren des Max-Planck-Instituts für Meteorologie und der Universität Hamburg scheinen der Realität näher gekommen zu sein: Anstieg der globalen Durchschnittstemperatur unter der Voraussetzung, daß CO_2-Emission und Ausstoß anderer Treibhausgase wie bisher erfolgt, von 2,9°C und Erhöhung des mittleren Meeresspiegels um 16 cm bis zum Jahre 2085. Dabei sollten sich die polaren Breiten stärker als die Tropen, die Kontinente mehr als die Ozeane erwärmen. Für ohnehin von Überschwemmungen bedrohte Länder wären die Folgen katastrophal. Selbst bei einer drastischen Verringerung der treibhaussteigernden Gase müßte mit einer Erhöhung der Temperatur um 9,8° C und einer Erhöhung des Meeresspiegels um 6 cm in den nächsten hundert Jahren gerechnet werden. Diese Ergebnisse wurden durch eine Kopplung der Modelle für Atmosphäre und Ozeane, die Transport und Speicherung von Kohlendioxid berücksichtigen, erreicht.

Neuere Simulationsrechnungen für die Erhöhung von Temperatur und Meeresspiegel

11.3.2 Störung der Ozonschicht

Eine der wichtigsten, wenn auch nach der Menge geringen Komponenten in der Atmosphäre ist das **Ozon** (O_3), das die Ultraviolettstrahlung absorbiert und dadurch die Temperaturverteilung in der Stratosphäre reguliert. Zugleich ist es die **schützende Hülle** für alle Organismen auf der Erde gegen die harte UV-Strahlung. Die mittlere Verweilzeit von O_3 beträgt ungefähr fünfzig Tage. Unter ungestörten natürlichen Bedingungen bestehen zwischen Zerfall und Neubildung ausgeglichene Verhältnisse. Das meiste Ozon befindet sich zwischen 15 und 45 km Höhe, das Maximum liegt bei 15 bis 25 km, wobei die untere Grenze für die Polarregionen und die obere für die Tropen gilt.

Schutz vor harten UV-Strahlen ist lebensnotwendig

Der Ozongehalt hat einen ausgeprägten Jahres- und Tagesgang: Das Maximum liegt im Frühjahr, das Minimum im Herbst; die täglichen Konzentrationsschwankungen liegen bei 25 %. Diese Tatsa-

Zeitliche Variabilität des Ozongehalts

che ist im Hinblick auf die Nachweisbarkeit anthropogener Einflüsse bedeutsam hinsichtlich der Unterscheidung der natürlichen Variabilität von möglichen anthropogenen Ursachen.

Die wesentlichsten Einflüsse auf die Ozonschicht kommen aus der Troposphäre, von der aus natürliche und anthropogene Stoffe verschiedener Art in die Stratosphäre eindringen. Allein durch vulkanische Eruptionen gelangen jährlich zwischen 10 und 100 kt Chlor in die Stratosphäre.

Ozonkiller

Die **Störung der Ozonschicht** durch anthropogen-technogene Aktivitäten beruht vor allem auf folgenden Vorgängen: Aus Kühlanlagen und Spraydosen werden halogene Kohlenwasserstoffe (Freone), besonders Fluorchlorkohlenwasserstoff (FCKW), emittiert; bei der Zersetzung von Mineraldünger wird NO_2 frei; NO_x und Wasserdampf hinterlassen hochfliegende Flugzeuge; Kernexplosionen bewirken das Entstehen großer Mengen von NO_x. Auch andere Stoffe gelangen aus der Troposphäre in die Stratosphäre und stören den Ozongehalt, so z. B. Methylchloroform, Tetrachlorkohlenstoff und Methylchlorid.

Durch Einwirkung von UV-Strahlen spalten Freone Chlor (Cl) ab, wodurch O_3 abgebaut wird. Da sie eine Verweilzeit bis zu mehreren Jahrzehnten haben, hält ihre zerstörerische Wirkung zusammen mit NO_2 weiter an.

Es ist sehr schwer – u. a. wegen der zeitlichen Variabilität des Ozongehalts – sichere Trendaussagen zu machen, obwohl man sich weltweit durch verschiedene Modellrechnungen bemüht. Auch diese sind wegen der Komplexität der in der Atmosphäre stattfindenden Prozesse sehr schwierig. So besteht z. B. ein enger Zusammenhang zwischen CO_2- und Freone-Emission (und auch mit der Emission von anderen Gasen), d. h. zwischen Treibhauseffekt und Ozonrückgang (s. Kap. 11.3.1).

Polares Ozonloch

Jets sind auch Ozonkiller

Über den beiden polnahen Regionen ist die Troposphäre nur acht Kilometer mächtig, so daß ein Eindringen von ozonstörenden Gasen besonders rasch und intensiv erfolgen kann. Hier ist auch das als **„Ozonloch“** beschriebene Defizit an O_3 festgestellt worden. Es erhält sich u. a. auch dadurch, daß die Düsenjets in 10 bis 12 km Höhe fliegen und ihre Abgase direkt in die Stratosphäre ausbringen. Mit Sorge wird der Entwicklung von Überschallflugzeugen (dreifache Schallgeschwindigkeit!) seitens einschlägig, im Hinblick auf die Belastung der Atmosphäre forschender Wissenschaftler Aufmerksamkeit gewidmet. Um die sehr hohen Überschallgeschwindigkeiten zu erreichen, müßten diese Jets in etwa 20 km Höhe fliegen, weil dort der Luftdruck geringer ist; in dieser Höhe ist aber auch die Ozonhülle am dichtesten!

Die seit 1976 zu beobachtende Abnahme der Ozonmenge in der Antarktis hat außer den Wissenschaftlern auch Politiker mobilisiert und zu **Gegenmaßnahmen** geführt: „Wiener Übereinkommen zum Schutz der Ozonschicht, 1985". In der Folge dieses Übereinkommens wurden mit der Verabschiedung des „Montrealer Protokolls" ab 16. 9. 1987 folgende Regelungen getroffen:

Maßnahmen zum Schutz der Ozonschicht

- Ein halbes Jahr nach Inkrafttreten des Protokolles dürfen Produktion und Verbrauch von FCKWs das Niveau von 1986 nicht überschreiten,
- vom 1. 7. 1993 bis zum 30. 6. 1994 dürfen diese FCKWs 80%, ab 1999 50% des 86er Niveaus nicht mehr überschreiten.

Eine nach Menge und Mächtigkeit stark reduzierte und lückige Ozonschicht würde in zunehmenden Maße organisches Leben auf der Erde zerstören; für die Menschen wird eine Zunahme von Hautkrebs durch verstärkte UV-Strahlung prognostiziert. Unter Berücksichtigung der Verweildauer von Ozonkillern erscheinen die getroffenen Gegenmaßnahmen doch nicht ganz ausreichend - mag sein, daß unterschiedliche Simulationsergebnisse die eine oder andere vordergründige ökonomische Überlegung - unbeabsichtigt - unterstützt haben. Erfreulich: Es gibt inzwischen Spraydosen mit Verzicht auf FCKW!

Hemmt die Ökonomie die „totale" Schließung des Ozonlochs?

11.4 Ausbreitung ökologisch wirksamer Substanzen

Da gleichzeitig zahlreiche und recht unterschiedliche Substanzen durch menschliche Aktivitäten ausgestoßen und transportiert werden, ist interessant, wie sie sich gegenseitig verhalten und beeinflussen. Dabei ist die **gleichzeitige Wirkung mehrerer Substanzen** in der Regel anders als die einer einzelnen Substanz. Grundsätzlich sind folgende Wirkungen möglich:

- eine Substanz verringert die ökologische Wirkung einer anderen (= Antagonismus),
- ergänzende Wirkungen verschiedener Substanzen (= Addition),
- Vergrößerung des Effekts gleichzeitig wirkender Substanzen als die Summe einzeln wirkender Substanzen (= Synergismus).

Effekte gleichzeitig wirkender Substanzen:
- antagonistisch
- additiv
- synergetisch

Besonders intensiv - und gut untersucht - sind die Kreisläufe von **Schwefel- und Stickstoffverbindungen im Hinblick auf ihre synergetischen Effekte**. Soweit es die Atmosphäre betrifft, spielt der Wassertropfen dabei die wichtige Rolle eines Bindeglieds. Im Detail

Schwefel- und Stickstoff-Verbindungen als Beispiel synchroner Wirkung

handelt es sich um diverse chemische Prozesse, die hier nicht beschrieben werden können. Direkte Reaktionen zwischen NO_x und SO_2 sind in der Atmosphäre unbedeutend im Vergleich zum effektiveren Reaktionspartner dem OH-Radikal.

Schichtweise strukturelle Veränderungen in Wald-Ökosystemen

Soweit es die landschaftsökologische Wirksamkeit anthropogen verursachter Stoffinputs in die Landschaft betrifft, so sind Wald-Ökosysteme ein anschauliches Beispiel: Mit fortschreitender Einwirkung wird die Struktur des Wald- bzw. Forst-Ökosystems schichtweise beeinträchtigt und zerstört - zuerst die Bäume, dann die Sträucher und schließlich die Kräuter (s. Kap. 8.1.3). Während der ersten Phase, die die Bäume betrifft, gibt es infolge Auflichtung Vermehrungsimpulse für die Strauchschicht. Hält die Einwirkung an, kommt es zu einer Veränderung im Artenspektrum, einer Verminderung der Diversität, zum Rückgang in der Biomasseproduktion und zum Nachlassen der Stabilität.

Weltweite Verbreitung von CKW

Ein besonderes, relativ spät erkanntes Problem ist die Ausbreitung von **chlorierten Kohlenwasserstoffen (CKW)**. Das Besondere an den CKW ist ihre große Persistenz infolge einer geringen chemischen Reaktionsfähigkeit und wegen der bei vielen CKW bestehenden geringen Wasserlöslichkeit; das Lösungsvermögen in Fettgeweben und -substanzen ist hingegen hoch. CKW sind sowohl an biotische als auch an abiotische Strukturen gebunden und lassen sich durch Wasser und Luft über weite Räume transportieren. Einige CKW-Verbindungen, wie z. B. das DDT, hat man weit weg von Gebieten, in denen es ausgebraucht wurde, angetroffen, so z. B. im Schnee und in den Pinguinen der Antarktis (s. Kap. 9.5).

Literaturempfehlungen:

Ausführlich über weltweit wirksame ökologische Belastungen informieren vor allem *Odzuck* 1982, *Flohn* 1988, *Heinisch* 1988, *Taubenheim* 1988, *Ellis* 1989, *Izrael* 1990.

12. Angewandte Landschaftsökologie

Angesichts der vielen lokalen, regionalen und globalen Probleme in der Landschaftssphäre ist die landschaftsökologische Forschung gefordert, Beiträge zu Problemlösungen bereitzustellen. Ausgehend von den Ergebnissen der Grundlagenforschung sind gezielte Informationen zu liefern, besonders im Hinblick auf Nutzung und Belastung der Landschaft für bzw. durch verschiedene Ansprüche.

Anwendungsaspekte: Nutzung, Schutz und Pflege der Landschaft

Eine angewandte Landschaftsökologie muß auf die Aspekte Nutzung, Schutz und Pflege der Landschaft als generelle Zielstellung ausgerichtet sein. Daraus leiten sich folgende Aufgabengebiete ab, die unter Berücksichtigung von Landschaftsgröße und -dimension mit verschiedenen Methoden und unterschiedlichen, weil dimensionsabhängigen Daten bearbeitet werden:

Aufgabengebiete der angewandten Landschaftsökologie

- Erarbeitung einer landschaftsökologischen Informationsbasis mit grundlegenden landschaftsökologischen Daten für konkrete Landschaften; Laufendhaltung der Daten im Rahmen eines **Landschaftskatasters**.
- **Beurteilung** des Nutzungspotentials, der Belastung und Belastbarkeit der Landschaft an Hand der Daten des Landschaftskatasters.
- **Landschaftsplanung** als integrierter Bestandteil von Landes-, Regional und Gebietsplanung.
- Überwachung, Beurteilung und Prognose von Zustandsänderungen der Landschaft sowie Erkundung der Ursachen, d.h. **Landschaftsmonitoring**.
- **Landschaftsmanagement**: Landschaftsgestaltung, Landschaftsbehandlung und Landschaftsmelioration.

Ein **Landschaftskataster** oder eine **Landschaftsdatenbank** oder ein **Landschaftsinformationsystem** sind nur verschiedene Bezeichnungen für das gleiche Instrumentarium zur ökologisch-raumbezogenen Speicherung und Verarbeitung von Informationen für die Planung (s. Abb. 34). Diese Informationen bestehen aus Primärdaten, die auf konkreten landschaftsökologischen Ergebnissen sowie auf Untersuchungen und Messungen, z.B. des Meteorologischen Dienstes, beruhen. Diese Datengewinnung ist meist langwierig und arbeitsaufwendig, manche bedürfen des Vorlaufs durch längere Meßreihen (s. Kap. 4, darin sind Methoden und Verfahren beschrieben).

Abb. 34
Schema der Konstruktion ökologischer Karten mit Hilfe der EDV unter möglichst vollständiger Ausschöpfung vorhandener Unterlagen und deren Kontrolle und Ergänzung durch Geländeaufnahmen.

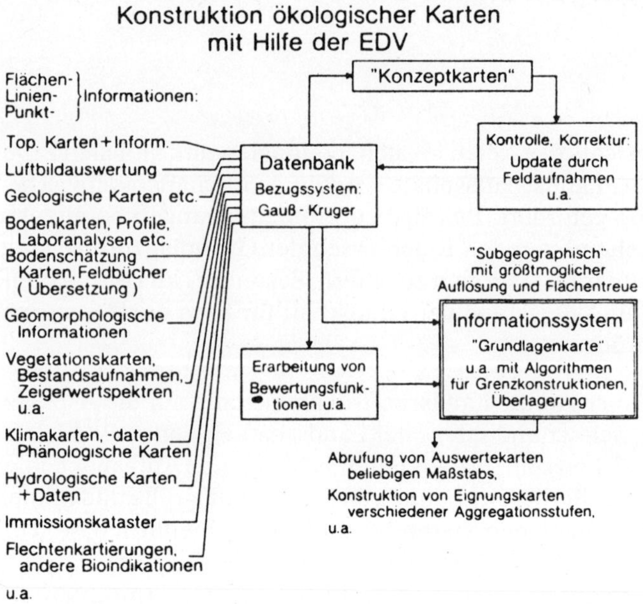

Datenspeicherung und -verarbeitung unter Computereinsatz

Außer Flächendaten werden auch Daten der Merkmale, bezogen auf die Flächendaten, gespeichert. Durch die Computertechnik sind auch der Landschaftsökologie, besonders auch im Hinblick auf die praktische Anwendung, bedeutende Möglichkeiten in die Hand gegeben. So wird eine mögliche komplexe landschaftsökologische Karte zunächst nicht ausgedruckt, sondern mit seinen Bezugsflächen und deren Grenzen (Flächendaten) sowie den zugehörigen Merkmalen gespeichert. Je nach der Frage-, Ziel- und Aufgabenstellung für Forschung und Planung lassen sich selektiv die benötigten Daten abrufen und Karten mit speziellen, für die Aufgabenlösung wichtigen Inhalten ausdrucken.

Regionale und landesweite Informationssysteme

In der Bundesrepublik Deutschland gibt es Landschaftskataster bzw. Landschaftsinformationssysteme auf der räumlichen Basis von Ländern, Regierungsbezirken, Kommunalverbänden und Naturschutzgebieten, z. B. Nationalpark Berchtesgaden. Manche Länder haben für ihr Territorium ein flächendeckendes Informationssystem:

- Canada Land Data System: Speicherung von Informationen über die besiedelten Gebiete des Landes, vor allem auf die Landnutzung ausgerichtet. Daten werden aus thematischen Karten in den Maßstäben 1:10 000 bis 1:10 000 000 gewonnen.
- Für das Staatsgebiet der Schweiz gibt es ein Informationssystem auf der Grundlage von 1 ha großen quadratischen Bezugsflächen.

- Innerhalb der ČSFR gibt es, getrennt für die Tschechische und Slowakische Republik, das „Integrierte Territoriale Informationssystem".

Um die Möglichkeiten, die leistungsfähige Computer für die Landschaftsökologie bieten, die Applikation zu beschleunigen und verschiedene Interessen und Anwendungsbereiche mit Informationen zu versorgen, voll auszuschöpfen, sind entsprechende Daten auszuwählen. Erfahrungsgemäß und unter Berücksichtigung eines breiten Anwendungsbereichs ist singulären vor aggregierten, primären vor sekundären (bewerteten) Daten der Vorzug zu geben. Aggregierung und Bewertung sind Operationen im Zusammenhang mit der Lösung einer bestimmten Aufgabe, die mit entsprechenden Befehlen durch den Computer vorgenommen werden kann.

Singuläre, primäre Daten haben den Vorzug

Die nachfolgend aufgeführte Tabelle ist ein Beispiel für die Auswahl von Merkmalen (Daten) zur Charakterisierung landschaftsökologisch relevanter Geokomponenten (G) und deren Elemente (E):

G1: Makro- und Mesoklima

E11: **Temperatur**: Jahres-, Januar-, Julimittel; mittlere Minima und Maxima; Frosttage; Früh- und Spätfröste; Strahlung.

E12 **Niederschlag**: Jahres- und Monatssummen; monatl. Maxima und Minima; Schneetage.

G2: Vegetation

E21: **Potentiell-natürliche Vegetation**: natürliche Pflanzengesellschaften.

E22: **Aktuelle Vegetation**: Forst-, Grasland-, Segetal- und Ruderalgesellschaften.

G3: Oberflächengestalt

E31: **Reliefform**: z.B. Kuppe, Hang, Platte, Talkerbe.

E32: **Hangneigung**: in Grad, zusammengefaßt in Stufen, z.B. 0–1, 1–3...°.

E33: **Exposition**: Himmelsrichtungen.

E34: **Kleinformen**: z.B. Hangterrasse, Soll, Düne.

G4: Oberflächenwasser

E41: **Stehende Gewässer**: Flächengröße, Tiefen.

E42: **Fließende Gewässer**: Breite, Tiefe, Gefälle in einzelnen Flußabschnitten.

G5: Boden

E51: **Bodenform (Substrat- und Bodentyp)**: Profilaufbau und -merkmale.

E52: **Bodenphysik**: Sand-, Schluff- und Tongehalt; Dichte (g/cm^3), Porenvolumen, Wasserkapazität.

E53: **Bodenchemie**: organische Substanz im Oberboden, Kationen-Umtausch-Kapazität.

G6: Gesteinsuntergrund

E61: **Festgestein und dessen Schutt**: Gesteinsart.

E62: **Lockergestein**: Gesteinsart.

G7: Grundwasser (oberflächennah)

E71: **Mittlerer Grundwasser-Höchststand**: Grundwasserstufen.

E72: **Periodischer Grundwasser-Höchststand**: im Frühjahr, im Höhepunkt der Vegetationsperiode, im Spätherbst.

Anknüpfend an dieses Beispiel lassen sich einzelne Daten abrufen und kombinieren für benötigte Informationen, wie Merkmale von E31, E32, E51 und E52 zur Ermittlung der Anfälligkeit gegenüber wassergebundener Bodenerosion.

Ein Ansatz für Verknüpfung von Landschaftsökologie und Landschaftsplanung

Ein brauchbarer Ansatz zur Überführung landschaftsökologischer Forschungsergebnisse in die Praxis und Ausnutzung von Landschaftskatastern für diesen Zweck ist die **Ableitung von Nutzungspotentialen** des Naturraums bzw. der Landschaft oder - schlichter formuliert - der **Nutzungsneigung** aus den gespeicherten Primärdaten.

Folgende Nutzungspotentiale bzw. -eignungen finden in der Landschaftsplanung besonderes Interesse:

- **Biotisches Ertragspotential:**
  Die Fähigkeit der Landschaft, nutzbare Biomasse in Wald-, Acker- und Grünlandflächen zu bilden. Gefragt ist hierfür die „Standortfruchtbarkeit", wie sie in Agrar- und Forstökologie bezeichnet wird, was klimatische Verhältnisse und fruchtbarkeitsbestimmende Bodeneigenschaften, wie Nährstoffgehalt und Bodenwasserhaushalt, einschließt.
- **Wasserpotential:**
  Vermögen der Landschaft, zur Grundwasserneubildung und zu einem ausgeglichenen und nutzbaren Oberflächenabfluß beizutragen. Hierfür sind neben klimatischen Daten auch solche über Art und Dichte der Vegetation sowie über bodenphysikalische Parameter gefragt. Die Beurteilung muß im Hinblick auf Grundwasser und Oberflächenabfluß differenziert sein.

Bestimmung der Nutzungseignung der Landschaft aus den Primärdaten des Landschaftskatasters

- **Entsorgungspotential:**
  Hierbei geht es um die Einstufung von möglichen Leistungen der Landschaft zur schadarmen und schadfreien Entsorgung von Abfällen. Das hängt hauptsächlich von Eigenschaften des Bodens und vom oberflächennahen Gesteinsuntergrund ab im Hinblick auf Filtrations-, Sperr-, Sorptionsvermögen und aber auch von den Oberflächenformen und ihrer Hanggestaltung. Soweit es die entscheidende Rolle des Bodens betrifft, so sind dafür als Basisdaten alle o. g. Merkmale heranzuziehen. Bei dieser Bewertung geht es hauptsächlich um den Schutz des Grundwassers gegen Kontamination, was so lange möglich ist, wie das Puffervermögen des Bodens nicht schon überfordert ist (s. Kap. 9.5).
- **Bebauungspotential:**
  Es geht bei der Ausweisung dieser Nutzungseignung um mehr als nur den Baugrund, der ohnehin zum Kompetenzbereich der Ingenieurgeologie gehört. Nachzuweisen ist, ob die Bebaubarkeit auch nach landschaftsökologischen Kriterien gegeben ist.
- **Rekreationspotential:**
  Die Bestimmung dieser Nutzungseignung geht über die Ökologie der Landschaft hinaus und wird zu einem guten Teil von der Landschaftsphysiognomie her zu lösen sein. Soweit es die Landschaftsökologie betrifft, so sind vor allem Fragen der Belastung und Belastbarkeit im Vordergrund.

Von einigen Autoren werden weitere Nutzungspotentiale (als „partielle Naturraumpotentiale" wie die eben angeführten bezeichnet) ausgewiesen: „Rohstoffpotential" und „Biotisches Regulationspotential". Soweit es das erste betrifft, so liegen solche Rohstoffe wie Bodenschätze außerhalb einer landschaftsökologischen Betrachtung und Kompetenz; die Rohstoffe, die in der Landschaft erzeugt werden, lassen sich über das Ertragspotential fassen. Das zweite ist kein echtes Nutzungspotential, sondern das Vermögen der Landschaft zur Selbstregulation und -regeneration, was schon im Zusammenhang mit „Stabilität" erörtert wird (s. Kap. 5).

Landschaftsplanung ist Teil der umfassenden Raumplanung

Die **Landschaftsplanung**, auch ökologische Planung genannt, sollte als integrierter Bestandteil einer umfassenden Raumplanung verstanden und in diesem Rahmen wirksam werden. Sie muß die Unterschiedlichkeit in Größe und Struktur der ihr zugeordneten Raumeinheiten, Länder, Regierungsbezirke, Kreise, Kommunalverbände oder Landschaftsräume berücksichtigen, und sie muß sich mit der Nutzungseignung der Landschaft und deren anthropogener Belastbarkeit sowie mit den nutzungsbedingten Wirkungen auf die Landschaft befassen. Die Wahrnehmung dieser Aufgabe dient der Gewährleistung der gesellschaftlichen Ansprüche an die natürliche Umwelt des Menschen, und damit auch ihrer Erhaltung und ihres Schutzes. Hinsichtlich des räumlichen Bezugs erstreckt sich die Landschaftsplanung auf bebaute und unbebaute Flächen unter Berücksichtigung landschaftsökologischer und -gestalterischer Belange. Die Landschaftsplanung trägt entscheidend dazu bei, daß in den Planungsräumen **Ökonomie, Soziales und Ökologie** in angemessener Weise respektiert und in konkret gestalteten Wechselbeziehungen wirksam werden, indem sie als Fachplanung folgende Ziele verfolgt:

- Sicherung, Gestaltung und Entwicklung der natürlichen Umwelt des Menschen,
- Förderung eines nachhaltig leistungsfähigen und nutzbaren Landschaftshaushalts,
- Erhaltung der Landschaftsstruktur und -physiognomie als Erholungs- und Erlebnisraum.

Landschaftsplanung muß vor allem steuern …

Landschaftsplanung ist somit das wichtigste Instrument für die Planung von Umweltschutz und Umweltgestaltung. „Landschaftsplanung kann daher nicht alleine bewahren, schützen und sichern bedeuten, sondern eine ihrer wesentlichen Komponenten besteht in der aktiven Mitgestaltung der Umwelt". „Das Entwerfen und Projektieren sind damit wesentliche Elemente der Landschaftsplanung … wobei es vorwiegend um die Steuerung und Lenkung von Landschaftsveränderungen geht."

… und nicht nur ökologische Krisen managen

Noch aber scheint – auch in Deutschland – das „ökologische Krisenmanagement" gegenüber der vorausschauenden ökologischen Planung vorzuherrschen. Landschaftsökologisch orientierte Forschungsarbeiten sind besonders in Ostdeutschland zur Behebung ökologisch kritischer Zustände gefragt, ebenso die Entwicklung der Landschaftsplanung, die – wie hier skizziert – es zuvor nicht gab.

K. Buchwald nennt folgende Gegenstände bzw. Aufgaben, denen sich die Landschaftsplanung im Rahmen einer umfassenden Umweltplanung widmen soll:

Leistungsspektrum landschaftlicher Ökosysteme

Landschaftliche Ökosysteme als Träger von Leistungen

Produktionsleistungen:

für Biomasse, O_2 und CO_2, Quellschüttungen, Grundwasserspenden, Frischluftzufuhr u. a.;

Trägerleistungen:

Träger menschlicher Aktivitäten während der Arbeit und der Freizeit sowie der vom Menschen geschaffenen Strukturen – auch der Abfalldeponien;

Informationsleistungen:

Vermittlung von Erlebnissen, von Umweltqualität und -belastung;

Regulationsleistungen:

„Gratis" Leistungen landschaftlicher Ökosysteme:
– Immissionsschutz
– Optimierung von Klima und Wasserhaushalt
– Schutz des Bodens und vor Schädlingen

selektive und regulierende Wirkung auf Stoff- und Energieflüsse (z. B. Selbstreinigung von Gewässern):
- **Schutz vor Immissionen**: Filterung von Staub und Gas, Minderung von Lärm,
- **Klimaoptimierung**: Milderung der Temperatur, Erhöhung der Luftfeuchte, Steuerung von Kalt- und Frischluftzufuhr, Schutz vor Schneeverwehungen,
- **Optimierung des Wasserhaushalts**: Ausgleichen des Abflusses, Grundwasseranreicherung, Wasserfilterung, Selbstreinigung,
- **Bodenschutz**: Schutz vor Wasser- und Winderosion,
- **Biologische Schädlingsbekämpfung**.

Im Bemühen um die Lösung verschiedenartiger Aufgaben hat sich die Landschaftsplanung differenziert und für einzelne Planungsbereiche spezifische Bezeichnungen gefunden. Ausgehend vom geographischen Landschaftsverständnis und den Wechselbeziehungen zwischen Mensch und Landschaft sind folgende **Funktionen der Landschaftsplanung** erkennbar:

Arbeitsteilige Ziele und Aufgaben der Landschaftsplanung
– Erarbeitung von planrelevanten Grundlagen

- Funktion als **Grundlagenplanung**,
  deren Ziel in der Erarbeitung von Eignungskriterien (Eignungskarten) für verschiedene Nutzungsarten besteht, d. h. Ausweisung von landschaftlichen Nutzungspotentialen, einschließlich Abschätzung der Belastbarkeit der betreffenden Landschaft. Mit der Erfüllung dieser Funktion ist Landschaftsplanung

Grundlage für die Raumplanung als Ganzes, besonders hinsichtlich der Nutzungsplanung, und für spezielle Sachplanungen, einschließlich Einzelprojekte und zugehörige Maßnahmen.

– Überprüfung ökologischer Auswirkungen

- Funktion als **ökologische Planung**
  (im engeren Sinne) ist es, alle landschaftsverändernden antrohopogenen Maßnahmen hinsichtlich ihrer Auswirkungen auf den Landschaftshaushalt zu überprüfen und ökologisch relevante Anforderungen an Nutzung und Maßnahmen zu formulieren.
  Ökologische Planung wird auch begrifflich der Landschaftsplanung gleichgesetzt, woraus sich auch die gewachsene Bedeutung der Ökologie in der Landschaftsplanung als Ganzes erklärt.

Planung im Bereich landnutzender Wirtschaftszweige und anderer gesellschaftlicher Bedürfnisse

- Funktion als **Fachplanung**
  In dieser Funktion ist Landschaftsplanung vergleichbar mit der Verkehrs- ode Bauplanung mit dem Unterschied, daß zur Landschaftsplanung verschiedene Sachgebiete gehören: Land- und Forstwirtschaft, Erholung in der Landschaft, Gewässer-, Landschafts- und Naturschutz, Abbau und Deponie von Substanzen sowie Landschaftspflege und -gestaltung.

Noch immer scheint die Landschaftsplanung in der gegenwärtigen Praxis – im Unterschied zu Buchwald (s. o.) – nur auf unbebaute Flächen beschränkt zu sein.

Planungspraxis braucht Funktionsverbund

Es ist zu hoffen, daß in der **Praxis der Landschaftsplanung** die genannten **Funktionen** so eng miteinander **verbunden** sind, daß sie der generellen Zielstellung dieser Planung voll genügen. Dabei geht es vor allem darum, solche Nutzungsarten zu fördern, die Ressourcen der Landschaft erhalten oder gar vermehren; Nutzungsarten mit hohem Ressourcenbedarf sollten begrenzt werden. Schließlich geht es darum zu vermeiden und zu verhindern, daß Ressourcen wider besseres ökologisches Wissen unbegrenzt bis zu irreversiblen Veränderung der Landschaft genutzt werden. Hierbei ist auch die Verantwortung für die Überlassenschaft an nachfolgende Generationen in der Pflicht.

Analyseverfahren zur Abschätzung und Beurteilung ökologischer Folgen von Eingriffen in die Landschaft

Die ökologisch orientierte Landschaftsplanung hat in den letzten Jahren, z. B. in der BRD, eine Reihe von Verfahren entwickelt, um noch genauer und vollkommener Risiken abzuschätzen, wenn anthropogen-technogene Eingriffe, z. B. durch Verkehrsbauten, neue Industrieanlagen, hydrotechnische Bauten u. a. in die Landschaft erfolgen. Die Verfahren zur Analyse und Dokumentation solcher Eingriffe und ihrer landschaftsökologischen Konsequenzen werden als **Ökologische Wirkungsanalyse** oder **Risikoanalyse** bezeichnet.

Im Umweltprogramm für die BRD vom Oktober 1971 ist die **Umweltverträglichkeitsprüfung (UVP)** festgelegt worden. Sie hat sich aus den Erfahrungen mit der Risikoanalyse entwickelt und hat eine Vielzahl von politischen und wissenschaftlichen Aktivitäten ausgelöst; die einschlägige Literatur hat ein solches Ausmaß erreicht, daß sie kaum noch zu überblicken ist. Die UVP ist ein Instrument, das sich verschiedener Methoden sowohl aus den Bereichen der ökologischen Planung als auch aus sozialwissenschaftlichen Disziplinen bedient. Es sind dabei zwei verschiedene Ansätze zu unterscheiden: Einerseits besteht eine **„Prozeß"-UVP**, die sich auf die gesamte Raumplanung erstreckt und daher weitgehend der ökologischen Planung entspricht, andererseits gibt es die **„Projekt"-UVP**, die sich auf konkrete Einzelprojekte bezieht. Praktiziert wird in Deutschland offensichtlich nur die letztgenannte UVP, wenn es um Planung und Errichtung sowie Änderung von solchen Anlagen geht, die umweltbelastend werden könnten.

UVP zur Wahrung ökologischer Belange

Prozeß- und Projekt-UVP

In der Praxis: Projekt-UVP

Das Anliegen der UVP, wie es der Gesetzgeber vorsieht, ist natürlich sehr positiv zu werten; die praktische Handhabung findet indes viele Kritiker wegen Halbherzigkeit.

Unter weitestgehend natürlichen Bedingungen werden spontane naturbürtige Eingriffe in den Landschaftshaushalt so abgepuffert, daß in der Regel nach einer gewissen Zeit der Ausgangszustand wieder erreicht wird. Soweit es sehr große landschaftliche Ökosysteme (von hochrangiger Dimension) betrifft, so verändern sich diese durch natürliche Prozesse nur außerordentlich langsam (s. Kap. 3.4 und 3.5).

Schon sehr früh interessierten sich die Menschen für den Zustand ihres Lebensraums, der Landschaft, und stellten entsprechende Beobachtungen an. Aus den schlichten Phasen dieser Beobachtungen stammen wohl auch die **„Bauernregeln"**; denn schließlich hingen Erfolg oder Mißerfolg menschlicher Aktivitäten vom Zustand und der Veränderung der Landschaft ab. Daß das auch in der Gegenwart gilt, wird erst immer dann bewußt, wenn katastrophale Ereignisse eintreten. Ansonsten bietet die moderne Gesellschaft mancherlei Vorbeugungen, Schutzmaßnahmen und Kompensationsmöglichkeiten.

Frühe Formen der Beobachtungen in der Landschaft

Bereits über hundert Jahre werden **regelmäßige Beobachtungen des Wetters**, der Witterung und des Klimas durchgeführt.

Mit der weltweit zugenommenen und noch zunehmenden Beeinflussung der Natur durch den Menschen und seiner vielfältigen Aktivitäten vollziehen sich Veränderungen im Naturhaushalt nunmehr ungewöhnlich rasch (s. Kap. 11). Die bis dahin ausreichenden Informationen über Naturprozesse und nachfolgende

Veränderungen in der Landschaft reichen deshalb nicht mehr aus. Umfassendere und in dichterer zeitlicher Folge gegebene Informationen sind erforderlich. Die Landschafts- oder Biosphäre ist am besten - in ihren verschiedenen Dimensionen - durch ein umfassendes Beobachtungssystem in ihrem Zustand und dessen Veränderung zu kontrollieren. Ein solches System wird mit dem Begriff **Monitoring** beschrieben und ist auf die Erfassung anthropogener Eingriffe (human impacts) ausgerichtet.

UNEP

Auf der Stockholmer Umweltkonferenz 1972 wurde das **United Nations Environment Programme (UNEP)** beschlossen. In einem Aktionsplan wird die Forderung nach Einbeziehung und Berücksichtigung von Umweltschutzmaßnahmen in alle Entwicklungsprojekte erhoben. Obwohl so manches in Bewegung gekommen ist, blieben größere Erfolge z. B. in Entwicklungsländern im Hinblick auf ökologisch angepaßte Landnutzungsformen aus.

WMO – Weltwetterwacht

Zwei Jahre später ist vom UNEP ausgehend das **Global Environmental Monitoring System (GEMS)** in seinen Grundzügen und Zielen beraten worden. Es ist Teil eines umfassenden Überwachungs- und Kontrollsystems des Umweltzustands. So ist es u. a. in die **Weltwetterwacht** der **World Meteorological Organization (WMO)** integriert. GEMS erstellt nicht neue Beobachtungsstationen, sondern nutzt die vorhandenen entsprechend der Zielstellung des eigenen Programms:

- Beobachtung von Faktoren, die auf die natürliche Umwelt einwirken,
- Beurteilung und Bewertung des jeweils aktuellen Umweltzustands,
- Prognose des Umweltzustands für die Folgejahre.

Im 1974 in Nairobi formulierten GEMS-Programm sind folgende Aktivitäten vorgesehen:

- Organisierung eines umfassenden Versorgungssystems für die menschliche Gesundheit,
- Schätzung des Ausmaßes der Luftverunreinigung weltweit und deren klimatische Auswirkung,
- Abschätzung des Ausmaßes von Verunreinigungen in biologischen Systemen, besonders in Nahrungsketten,
- Schätzungsweise Beurteilung von Problemen der landwirtschaftlichen Produktion und der Bodennutzung,
- Prognostische Einschätzung der Reaktion von landschaftlichen Ökosystemen auf anthropogene Einwirkungen,
- Vorhersage des Ausmaßes der Meeresverunreinigungen und der Auswirkungen auf marine Ökosysteme,
- Verbesserung von Vorhersagen möglicher Naturereignisse.

Die Landschaftsökologie findet dann ihre Vollendung, wenn realisiert wird, was vorher erforscht und geplant worden ist. Solche Aktivitäten, die mit der Realisierung verbunden sind, sind Gegenstand des **Landschaftsmanagement** (es gibt kein deutsches Wort, was diesem Begriff so umfassend, was den Inhalt betrifft, entsprechen würde). Seine Funktion besteht in der Umsetzung des Landschaftsplans in der Weise, daß eine leistungsfähige und ökologisch intakte Landschaft unter Berücksichtigung essentieller ökonomischer und sozialer Belange erhalten bleibt.

Umsetzung der Landschaftsplanung durch das Landschaftsmanagement

Beispielsweise gehören dazu:
- Gestaltung von Erholungsgebieten,
- Neustrukturierung der Agrarlandschaft im Hinblick auf eine höhere landschaftliche Diversität, die Nutz-, Schutz-, Grün- und Gehölzflächen vereinigt sowie Biotopverbund ermöglicht,
- Gestaltung und Entwicklung von Bergbaufolgelandschaften,
- Aufforstungen zum Schutz gegen Bodenerosion und Desertifikation,
- Schutzmaßnahmen gegen Lawinen, Mure, Hochwasser u. a.

Neben den genannten Aufgaben der Veränderung besteht eine andere Aufgabenseite darin, intakte landschaftliche Strukturen durch entsprechende Maßnahmen zu erhalten. Das betrifft insbesonders den Landschafts- und Naturschutz; die dafür ausgewiesenen Areale sind landschaftsökologische Regenerationsfonds.

Landschafts- und Naturschutz

Die Effektivität des Landschaftsmanagement wird durch das Landschaftsmonitoring gefördert, gleich um welche Größenordnung es sich handelt: lokal bis global, auf dem Festland und im Wasser, vom Satelliten und vom Flugzeug.

Management und Monitoring

Die Landschaftsökologie - von der „reinen" Grundlagenforschung zur naturwissenschaftlichen Erkenntnis bis hin zur Applikation - ist in der Lage, wirksame Beiträge zur Lösung von Umweltproblemen in Landschaften verschiedener räumlicher Dimension zu leisten.

Literaturempfehlungen:
Die angewandte Landschaftsökologie vollzieht sich hauptsächlich über die Planung in verschiedenen fachbezogenen Bereichen, vor allem aber über die einzelnen raumorientierten Planungsverfahren und deren Datenbasis. Hierzu wird auf folgende Autoren hinsichtlich intensiverer Beschäftigung mit der Applikation landschaftsökologischer Forschungsergebnisse hingewiesen: *Haase* 1978, *Mannsfeld* 1979, 1983, *Bierhals* 1980, *Buchwald* 1980, *Schmid* 1983, *Izrael* 1990, *Haase, Hubrich* et al. 1991.

Literaturverzeichnis

A. Nachschlagewerke

Neef, E. und *Neef, V.* (Hg.), Sozialistische Landeskultur, Leipzig 1977

Westermann Lexikon der Geographie (4 Bände), Braunschweig 1968–1970

B. Bücher

Barsch, H., Landschaftsanalyse. Lehrbriefe für das Fernstudium der Lehrer, Teil I, Postdam 1971

Blüthgen, J., Allgemeine Klimageographie, Berlin 1964

Borsdorf, A., Kurswissen Dritte Welt und Weltwirtschaft, 2. Auflage, Stuttgart 1989

Ellis, D., Environments at Risk, Berlin Heidelberg New York London Paris Tokyo Hong Kong 1989

Fels, E., Der wirtschaftende Mensch als Gestalter der Erde, Stuttgart 1954

Finke, L., Landschaftsökologie, Braunschweig 1986

Flohn, H., Das Problem der Klimaänderungen, Darmstadt 1988

Haeckel, E., Generelle Morphologie der Organismen, Bd. 2, Berlin 1866

Meynen, E. u. *Schmithüsen, J.* (Hg.), Handbuch der naturräumlichen Gliederung Deutschlands, Remagen und Bad Godesberg 1953–1962

Hendinger, H., Landschaftsökologie, Westermann-Colleg Raum und Gesellschaft, H. 8, Braunschweig 1977

Izrael, J. A., Ökologie und Umweltüberwachung, Jena 1990

Jacobeit, J., Stadtklimatologie von Augsburg unter besonderer Berücksichtigung der lufthygienischen Situation und des Lärms, Augsburger Geographische Hefte 6, 1987

Köppen, W., Grundriß der Klimakunde, 2. Auflage, Berlin 1931

Leser, H., Landschaftsökologie, Stuttgart 1976

Lütgens, R., Die Produktionsräume der Erde, 2. Auflage, Stuttgart 1958

Mannsfeld, K., Landschaftsanalyse und Ableitung von Naturraumpotentialen. Abhandlungen der Sächsischen Akademie der Wissenschaften zu Leipzig, Math.-nat. Klasse 55 (3), Berlin 1983

Neef, E., Analyse und Prognose von Nebenwirkungen gesellschaftlicher Aktivitäten im Naturraum, Abhandlungen der Sächsischen Akademie der Wissenschaften zu Leipzig, Math.-nat. Klasse 54 (1), Berlin 1979

Neumann, W., *Jacobs F.* u. *Tittel, B.*, Erdbeben, Leipzig 1989

Niemann, E., Ökologische Lösungswege landeskultureller Probleme, Schriftenreihe des Österreichischen Instituts für Raumplanung, Reihe A, Bd. 1, Wien 1988

Odzuck, W., Umweltbelastungen, Stuttgart 1982

Schultz, J., Die Ökozonen der Erde, Stuttgart 1988

Stewig, R., Landeskunde von Schleswig-Holstein, Geocolleg, 2. Auflage, Stuttgart 1977

Stumpf, H., Leben und Überleben. Einführung in die Zivilisationsökologie, 2. Auflage, Stuttgart 1977

Tischler, W., Einführung in die Ökologie, Stuttgart New York 1984

Voigt, H.-J., Hydrogeochemie, Berlin Heidelberg New York London Paris Tokyo Hong Kong 1990

Walter, H., Vegetationszonen und Klima, Stuttgart 1970

C. Publikationen zu Detailfragen

Albert, E., Düngung und Umwelt, Wissenschaft und Fortschritt 40/5, 1990

Bernhard, A. u. *Bastian, O.*, Fruit-plantations and their surroundings – Landscape-ecological research and consequences, International Symposium on Problems of Landscape-ecological research, Dudince (ČSFR) 107–115, October 1991

Bernhardt, A., *Haase, G.*, *Mannsfeld, K.* et al., Naturräume der Sächsischen Bezirke, Sächsische Heimatblätter 4/5, 1986

Bierhals, E., Ökologische Raumgliederung für die Landschaftsplanung, In: Buchwald/Engelhardt (Hg.): Handbuch für Planung, Gestaltung und Schutz der Umwelt, Bd. 3, 80–104, München 1980

Billwitz, K., Landschaftliche Raum-Zeit-Strukturen und ihre Kennzeichnung, In:

Barsch, H., Landschaftsökologie, Lehrmaterial für die Ausbildung von Diplom-Fachlehrern 116–186, 1988

Billwitz, K. u. *Breuste, J.*, Anthropogene Bodenveränderungen im Stadtgebiet von Halle/Saale, Wissenschaftliche Zeitschrift Universität Halle 29, 25–43, 1980

Blümel, W. D., Waldbodenversauerung, Geographische Rundschau 6/1986

Blümel, W. D., Säurebedingte Strukturveränderungen, Allgemeine Forstzeitschrift 7, 1986

Bornkamm, R., Die Unkrautvegetation im Bereich der Stadt Köln, Decheniana 126, 1974

Bramer, H., Geographische Zonen der Erde, In: Hendl, M. u. Bramer, H. (Hg.): Lehrbuch der Physischen Geographie, Thun und Frankfurt/M., 406–522, 1985

Breburda, J., Bodengeographie der borealen und kontinentalen Gebiete Eurasiens, Gießener Abhandlungen zur Agrar- und Wirtschaftsforschung des europäischen Ostens, Bd. 148, 1987

Buchwald, K., Aufgabenstellung ökologisch-gestalterischer Planungen im Rahmen umfassender Umweltplanung, In: Bierhals, E., 1–26

Ellenberg, H., Belastung und Belastbarkeit von Ökosystemen, Tagungsberichte Gesellschaft für Ökologie, Gießen 1972

Ettenhuber, E. u. *Krüger, F. W.*, Auswirkungen des Reaktorunfalls im Kernkraftwerk Tschernobyl auf das Territorium der DDR, Wissenschaft und Fortschritt 39/4, 1989

Franke, Chr. und *Gerds, W.*, Nährstoffbedingte Stickstoffbelastung von Sicker- und Grundwasser ausgewählter Standorte im Bezirk Leipzig, In: Ausgewählte geoökologische Entwicklungsbedingungen Nordwestsachsens, Forschungsbericht Institut für Geographie und Geoökologie, 173–207, Leipzig 1991

Gellert, J. F., Die Sahelkatastrophe, Wissenschaft und Fortschritt 33/6, 1981

Gellert, J. F., Raubbau am Urwald, Wissenschaft und Fortschritt 33/6, 1983

Gluch, W., Ökosystem, Biogeozönose, Geosystem – Versuch einer Begriffserklärung, Archiv Naturschutz und Landschaftsforschung 17/3, 1977

Grimm, F., Das Abflußverhalten in Europa – Typen und regionale Gliederung, Wissenschaftliche Veröffentlichungen Deutsches Institut für Länderkunde, 25/26, 1968

Gutte, P., Die Wiederbegrünung städtischen Ödlands, dargestellt am Beispiel Leipzig, Hercynia, Neue Folge 8, 1971

Haase, G., Barsch, H., Schmidt, R. et al., Theoretische und methodische Grundlagen der chorischen Naturraumerkundung, In: Haase, G. et al. (Hg.): Naturraumerkundung und Landnutzung, Beiträge zur Geographie 34/29–60, 1991

Haase, G., Hubrich, H. et al., Interpretation von chorischen Naturraum- und Landschaftserkundungen, In: Haase, G., Barsch, H., Schmidt, R. et al., 194–331

Haase, G., Mannsfeld, K., u. *Succow, M.*, Erfassung und Kennzeichnung von chorischen Naturraumeinheiten, In: Haase, G., Barsch, H., Schmidt, R. et al., 61–114

Haase, G., Lieberoth, L. u. *Ruske, R.*, Sedimente und Paläoböden im Lößgebiet, In: Richter, H. et al. (Hg.): Periglazial-Löß-Paläolithikum im Jungpleistozän der Deutschen Demokratischen Republik, Ergänzungsheft 274 zu Petermanns Geographischen Mitteilungen, 99–212, 1970

Haase, G., Zur Ableitung und Kennzeichnung von Naturpotentialen, Petermanns Geographische Mitteilungen 122, 1978

Havlik, D., Hydrologie: In: Tietze, W. et al. (Hg.): Geographie Deutschlands, 268–281, Berlin Stuttgart 1990

Heinisch, E., Globale Ausbreitung und Wirkung chlorierter Kohlenwasserstoffe, In: Neumeister, H. (Hg.): Geoökologie, Jena 1988

Herz, K., Beitrag zur Theorie der landschaftsanalytischen Maßstabsbereiche, Petermanns Geographische Mitteilungen 117, 1973

Herz, K., Die Evolution der Landschaftssphäre, Geographische Berichte 111/2, 1984

Hubrich, H., Zur Typenbildung in der topischen Dimension, Petermanns Geographische Mitteilungen 118, 1974

Hubrich, H., Zur Typisierung in der geographischen Landschaftsforschung, Petermanns Geographische Mitteilungen 120, 1976

Hubrich, H., Bildung und Kennzeichnung von Geokomplexformen nach ihrer Vertikalstruktur, Beiträge zur Geographie Bd. 32, 1985
Hüllbusch, K. H., Pflanzengesellschaften in Osnabrück, Mitteilung Floristisch soziologischer Arbeitsgemeinschaft, Neue Folge 22, 1980
Jäger, E. J., Allgemeine Vegetationsgeographie, In: Bramer, H., 348–396
Kahlenstock, N., Matschke, J. u. *Bolland, G.*, Rauchtolerante Gehölze - Herausforderung für Forstpflanzenzüchter, Wissenschaft und Fortschritt 36, 1986
Kienast, W. W., Die spontane Vegetation der Stadt Kassel in Abhängigkeit von bau- und stadtstrukturellen Quartierstypen, Urbs et Regio 10, 1978
Klink, H.-J., Landesnatur, In: Tietze, W. et. al. (Hg.): Geographie Deutschlands, 111–350, Berlin Stuttgart 1990
Klotz, S., Stadt-Ökosysteme, In: Neumeister, H. (Hg.): Geoökologie, 161–174, Jena 1988
Lautensach, H., Der geographische Formenwandel, Colloquium Geographicum Bd. 3, 1953
Leser, H., Das neunte „Basler Geomethodische Colloquium", Umsatzmessungs- und Bilanzierungsprobleme bei topologischen Geosystemforschungen, Geomethodica 9, 1984
Leser, H., Ökologie wozu? Der graue Regenbogen oder Ökologie ohne Natur, Berlin-Heidelberg-New York et al, 1991
Mageed, Y. A., The integrated river basin development, The challenges to the Nile basin countries, In: Lundqvist, J. (Hg.): Strategies for River Basin Management, 151–160, Dordrecht Boston Lancaster 1985
Mahn, G. u. *Stöcker, G.*, Agro-Ökosysteme, In: Neumeister, H. (Hg.): Geoökologie, 121–133, Jena 1988
Mannsfeld, K., Die Beurteilung von Naturraumpotentialen als Aufgabe der geographischen Landschaftsforschung, Petermanns Geographische Mitteilungen 123, 1979
Mayer, E., Die Vegetationsgürtel der Erde, In: Klink, H.-J. u. Mayer, E.: Vegetationsgeographie (Das geographische Seminar), 152–262, 1983
Meckelein, W., Neue Aspekte der Rolle des Nasser-Stausees in Ägypten, In: Mäckel, R. u. Sick, W. D.: Natürliche Ressourcen und ländliche Entwicklungsprobleme in den Tropen (Erdkundliches Wissen H. 90), 130–134, Stuttgart 1988
Miklós, L. u. *Hubrich, H.*, Prinzipien und Methoden der ökologischen Landschaftsplanung LANDEP mit einem Anwendungsbeispiel aus dem mittelsächsischen Hügelland, Petermanns Geographische Mitteilungen 134, 1990
Möller, D., Wechselwirkungen globaler Stoffkreisläufe, In: Neumeister, H. (Hg.): Geoökologie, 95–102, Jena 1988
Neef, E., Dimensionen geogr. Betrachtung, Forschung und Fortschritt 37, 1963
Neef, E., Topologische und chorologische Arbeitsweise in der Landschaftsforschung, Petermanns Geographische Mitteilungen 107, 1963
Richter, H., Naturräumliche Strukturmodelle, Petermanns Geographische Mitteilungen 112, 1968
Richter, H., Ruske, R. u. *Schwanecke, W.*, Die periglaziere Fazies im lößfreien Hügelland und im Mittelgebirge, In: Haase, G., Lieberoth, L. und Ruske, R., 57–97
Schlüter, H., Natürliche und synantrhope Vegetation als Kriterium zur Kennzeichnung und Bewertung von Naturraumeinheiten, In: Richter, H. u. Aurada, K. D. (Hg.): Umweltforschung, 201–207, Gotha 1984
Schmid, W. A., Landschaftsplanung in ihrem Bezug zur Nutzungsplanung, DISP Dokumente und Informationen zur Schweizerischen Orts-, Regional- und Landesplanung Nr. 69/70, 1983
Schmidt, I., Thermisches Verhalten urbaner Nutzungsstrukturen der Stadtregion Leipzig, In: Ausgewählte geoökologische Entwicklungsbedingungen Nordwestsachsens, Forschungsbericht Institut für Geographie und Geoökologie, Karte, Leipzig 1991
Schmidt, I. u. *Usbeck, B.*, Kennzeichnung des geoökologischen Zustands der Stadtregion Leipzig mit Hilfe von Fernerkundungsaufzeichnungen, In: Ausgewählte geoökologische Entwicklungsbedingungen Nordwestsachsens, Forschungsbericht Institut für Geographie und Geoökologie, Karte, Leipzig 1991

Sotschava (Soçava), V. B., Geographie und Ökologie, Petermanns Geographische Mitteilungen 116, 1972

Stoye, H., Mittelmaßstäbige Landschaftsgliederung der Stadtregion Leipzig, In: Ausgewählte geoökologische Entwicklungsbedingungen Nordwestsachsens, Forschungsbericht Institut für Geographie und Geoökologie, Karte, Leipzig 1991

Taubenheim, I., Die Erdatmosphäre und Probleme ihrer Veränderlichkeit, In: Neumeister, H. (Hg.): Geoökologie, 74-83, Jena 1988

Thomasius, H., Waldökosysteme, In: Neumeister, H. (Hg.): Geoökologie, 74-83, Jena 1988

Trachsler, H. u. *Kias, U.*, Ökologische Planung - Versuch einer Standortbestimmung, DISP Dokumente und Informationen zur Schweizerischen Orts-, Regional- und Landesplanung Nr. 68, 1982

Troll, C., Luftbildplan und ökologische Bodenforschung, Zeitschrift der Gesellschaft für Erdkunde zu Berlin 1939, 7/8

Troll, C., Über Landschaftssukzessionen, 19, Arbeiten zur Rheinischen Landeskunde 1963

Uhlmann, D., Aquatische Ökosysteme, In: Neumeister, H. (Hg.): Geoökologie, 74-83, Jena 1988

Usbeck, H., Räumliche Informationssysteme für die Territorialforschung und -planung - Internationale Entwicklungstendenzen, Wissenschaftliche Mitteilungen Institut für Geographie und Geoökologie der Akademie der Wissenschaften der DDR, 15, 1985

Zuppke, U. u. *Hartman, J.*, Die ökologische Hinterlassenschaft der DDR, Geographische Berichte 35/4, 1990

Quellennachweis

Abb. 1 *H. Uhlig*, Westermann Lexikon der Geographie, Sonderdruck S. 47, Westermann Braunschweig 1967

Abb. 2 *H. Leser*, Landschaftsökologie, S. 250, Verlag Eugen Ulmer Stuttgart 1976

Abb. 3 *H. Leser*, Landschaftsökologie, S. 246, Verlag Eugen Ulmer Stuttgart 1976

Abb. 4 *E. Neef*, Ausgewählte Schriften, S. 84/85, Geographisch-Kartographische Anstalt Gotha 1983

Abb. 5 *G. Haase* et al., Beiträge zur Geographie 34, S. 40/41, Akademie Verlag Berlin 1991

Abb. 6 *H. Leser*, Landschaftsökologie, S. 208, Verlag Eugen Ulmer Stuttgart 1976

Abb. 7 *W. Tietze* et al., Geographie Deutschlands, S. 229, Gebr. Borntraeger Berlin Stuttgart 1990

Abb. 8 *W. Tietze* et al., Geographie Deutschlands, S. 301, Gebr. Borntraeger Berlin Stuttgart 1990

Abb. 9 *W. Tietze* et al., Geographie Deutschlands, S. 303 oben, Gebr. Borntraeger Berlin Stuttgart 1990

Abb. 10 *W. Tietze* et al., Geographie Deutschlands, S. 303 unten, Gebr. Borntraeger Berlin Stuttgart 1990

Abb. 11 *W. Tietze* et al., Geographie Deutschlands, S. 304, Gebr. Borntraeger Berlin Stuttgart 1990

Abb. 12 *G. Haase*, Beiträge zur Geographie 29, Anlage 2, Akademie Verlag Berlin 1978

Abb. 13 *W. Tietze* et al., Geographie Deutschlands, S. 180/181, Gebr. Borntraeger Berlin Stuttgart 1990

Abb. 14 *M. Hendl* und *H. Bramer*, Lehrbuch der Physischen Geographie, S. 520/521, Harri Deutsch Verlag Thun und Frankfurt/M. 1985 (Klett!)

Abb. 15 *M. Hendl* und *H. Bramer*, Lehrbuch der Physischen Geographie, S. 519, Harri Deutsch Verlag Thun und Frankfurt/M. 1985 (Klett!)

Abb. 16 *M. Hendl* und *H. Bramer*, Lehrbuch der Physischen Geographie, S. 376, Harri Deutsch Verlag Thun und Frankfurt/M. 1985 (Klett!)

Abb. 17 *M. Hendl* und *H. Bramer*, Lehrbuch der Physischen Geographie, S. 374 oben, Harri Deutsch Verlag Thun und Frankfurt/M. 1985 (Klett!)

Abb. 18 *M. Hendl* und *H. Bramer*, Lehrbuch der Physischen Geographie, S. 377 oben, Harri Deutsch Verlag Thun und Frankfurt/M. 1985 (Klett!)

Register